우리도 사람입니다

박찬선 시집

시인동네 시인선 068   박찬선 시집

우리도 사람입니다

시인동네

시인의 말

올해로 시력(詩歷) 마흔 해가 되었다.

가을 수확 철인데 갈반병(褐斑病)이 휩쓸고 간 감나무 밭에는
고엽제를 뿌린 듯 황량하다.

부실함 속에서도 나를 지켜준 동학
동학은 인간학이다.
인간이 중심이 된 해 뜨는 동녘의 학이다.

다함없는 생명의 빛으로 내일을 연다.

2016년 11월
박찬선

차례

시인의 말

제1부

대숲 소리 · 13

깨어 있는 집 · 14

은척 가는 길 · 16

놋양푼이 온전하다 · 18

먹물 · 20

얼굴이 검다 · 21

기름틀 · 22

곽아기 할머니 · 24

후두티를 위하여 · 26

때가 되면 다 된다 · 28

놋쇠 의기(儀器) · 30

구업(口業) · 32

태평루(太平樓) · 34

동학인의 아침 · 36

학창의(鶴氅衣)를 보고 · 38

제2부

궁궁 을을(弓弓 乙乙) · 41

우리 시대 별이 되어 · 42

베틀평야 · 43

원통봉 아래 도가 통하다 · 44

백년의 침묵 · 46

하늘 오르는 집 · 48

날 받은 듯이 · 49

어떤 강론 1 · 50

어떤 강론 2 · 52

어떤 강론 3 · 54

어떤 강론 4 · 56

어떤 강론 5 · 58

똥 다 누고 나가겠네 · 59

일어서는 흙 · 60

마당 포덕(布德) · 62

제3부

필법 · 65

짚 1 · 66

짚 2 · 68

짚 3 · 70

짚 4 · 71

놋그릇 · 72

옥수수 · 74

시래기에 대한 명상 · 76

하늘에도 잔디가 자란다 · 78

감나무 · 79

발가락이 나왔다 · 80

싸리나무는 죽지 않는다 · 82

나락이 패다 · 84

해원(解寃) · 86

가는 것은 반드시 · 88

제4부

불두화 · 91

한우여 어디로 가려느냐 · 92

유월의 느릅나무 · 94

가죽나무 · 96

마가목에 대하여 · 98

우리도 사람입니다 · 100

서 있는 주검 · 102

곶감 집 막내딸 · 104

청포묵을 먹으면서 · 106

열무김치론 · 107

깍지벌레 · 108

고추모종을 하며 · 109

무슨 말인지 모르지 · 110

당신이 있어서 행복합니다 · 112

잠이 달아났다 · 114

발문 우리도 사람입니다 · 115
정진규(시인)

해설 사람을 모시는 신인(神人)의 시 · 121
김주완(시인·철학박사)

제1부

대숲 소리

대숲 소리를 들어보면 알아
바람 소리 같은
파도 소리 같은

대숲 소리를 들어보면 알아
하늘에서 내리는 소리라는 것을
땅에서 솟는 소리라는 것을

대숲 소리를 들어보면 알아
갑오년
민초들의 울부짖는 소리라는 것을

깨어 있는 집
—상주 은척 동학교당

살아있는 자들은 집이 있습니다.
죽은 자들도 집이 있습니다.
풀쐐기가 야문 각질의 집을 짓듯이
굳고 단단한 성 같은 집을 짓고 삽니다.

방랑자와 방황하는 자는 집이 없습니다.
가는 길이 집이요 머문 하늘이 집입니다.
산에 집을 짓기도 하고
바위 속에 집을 짓기도 합니다.

미로의 중심에 지은 정신의 집 네 채
낮이 없던 깊은 밤 잠자지 않고 깨어 있는
집 안에 집이 있는 음양의 조화

집을 두고도 집이 그리워서
사경(寫經)을 하듯 한울님의 집짓기를 거듭해온 개벽
서러움이 받치면 집이 됩니다.
눈물이 마르면 집이 됩니다.

>

물결에 바람결에 허물어지는 보루
가라앉은 주춧돌만이라도 지키려는 어기찬 행진
굴욕의 끝에 자리 잡은 교당(敎堂)

고문 받는 신음 소리 사이사이
경 읽는 소리, 주문 외는 소리, 먹 가는 소리
뒷담 위 하늘수박 익는 소리가 들리는
열린 하늘 집

가난한 자의 집은 대낮같이 밝습니다.
집 안에 없는 자의 고독이 켜켜이 쌓여
밤에도 빛나는 구슬처럼 혼이 나르는 반딧불처럼
빛을 나투는 집이 됩니다.

은척 가는 길

은척 가는 길은 동학의 길이다
사람이 낸 사람의 길이다
사방으로 막힌 높은 산길을 넘어야 하고
물오를 때는 자라가 기어오르는 개울도 함께 간다
깊은 땅속 검은 불
곤히 잠든 시간을 캐 올려 온몸을 태울 검은 광장
비껴 돌아드니 성주봉과 칠봉산이 마주 선다
사방이 산으로 둘러싸인 아늑한 분지
상주시 은척면 우기리에는
내 친구가 교장으로 있다가 퇴직한 중학교가 있고
그 옆에는 김주희 선생이 창도하신 동학교당이 있다
은자골은 평화롭다
발길 닿아 머무는 곳이 도량이라지만
다리품밖에 없던 시절 첩첩산중을 어이 찾았을까
마음의 눈은 풍수에 밝아
험한 산하를 넘은 것일까
간간이 비 뿌리는 초겨울
붉은 산수유 열매가 조롱조롱 매달린

마을 안 길 찾아든 동학교당
빈 마당에는 경 읽은 소리가 가득하다.

놋양푼이 온전하다

부잣집 가을 섬같이 넉넉한
보름달같이 둥두렷이 차오른
놋양푼이 온전하다

황금빛 태양의 이글거리는 모습으로
한울님의 뜻을 담는 제기(祭器)
탈 없이 남아 있는 것이 이상하다

공출 당해 강제로 징발 당해
포탄이나 탄환으로
사람을 겨냥했을 놋양푼

싸늘한 칼날을 피해
새앙쥐의 눈초리를 피해
용케 남아 있다는 것이 놀랍다

기원의 쌀밥 붕긋하게 담고
하늘 열리는 새 세상의 도를 담은

고문 받은 우리 할배의 역사

빛바랜 거친 세월
참말이 술술 풀려나고
갑오년의 함성이 울려 퍼진다.

먹물

 고조할아버지는 상주 은척 교당의 경교장이셨다. 매일 먹물로 경전을 쓰고 설교집을 쓰셨다. 가슴에 고인 먹물은 쓰고 써도 줄어들지 않았다. 가슴에 담긴 구름장은 걷고 걷어도 걷혀지지 않았다. 처음 먹물로 쓴 글씨는 어둠의 살점을 떼어 내놓은 조각이었다. 그 조각은 곧 햇살의 빛나는 말씀으로 살아났다. 그러나 말씀은 행복하질 못했다. 말씀은 피 흘리며 온갖 고문을 받으며 속까지 도둑맞았다. 말씀이 생명인 할아버지의 흰 바지저고리와 두루마기는 먹물이 되었다. 가슴에 고인 먹물을 다 쏟아내지 못하고 먹물에 잠기셨다. 할아버지의 무덤가에는 조선 솔이 푸르다.

얼굴이 검다

 상주시 은척면 우기리 동학교당에는 크고 작은 목활자가 있다. 나무상자에 해바라기씨처럼 촘촘히 박혀 있다. 그들은 캄캄한 동굴이나 빛이 들지 않는 좁은 방에서 나왔다. 저마다의 이름을 달고. 산과 내 같은, 새들의 발자국 같은 모양으로 바람 소리를 지니고 가지런히 있다. 언제쯤 회향(回向)할런가? 누군가에게 가서 닿기만 하면 밝아오는 아침. 햇살을 쪼이지 못한 것은 얼굴이 창백하다. 죽음이 있어도 주검이 없다. 잠자는 듯한 입정(入定). 기다림의 긴 시간을 즐기기도 한다. 사열 받는 병사들처럼 줄지어 화음을 이룬 것은 얼굴이 검다. 향기를 다한 암갈색의 모과인 양 얼굴이 검다. 세상의 어둠이란 어둠을 온몸에 뒤집어쓰고 빛을 뿌리고 온몸은 비뚤어도 바르게 서는 지혜의 정령. 온갖 감시와 수탈과 수모에도 뒷세상을 여는 그들은 영광의 검은 훈장을 달고 있다. 반짝이는 글자, 어두워야 밝아오는.

기름틀

난데없이 비명 소리가 들렸어.

어쩌면 그건 몸을 끌어 메고 쐐기를 박은
레슬링의 목 꺾기 자세 같은
형틀과 다를 바 없어

공중에 날아다니는 낱말이
포충망에 걸려 아우성을 치고
더러 빠져나온 것은 골절이 되어
피를 흘리며 하늘만 우러르고 있어

볼수록 낯설어 섬뜩한 느낌에 소름이 끼쳐
제가 있을 자리가 아니라는 생각이 들어
잘못 배달된 소포같이 아무래도 어색해

모르는 방으로 들어가는 축 처진 행렬같이 누워
반추의 느긋함을 즐기는 착압기
그건 폭행이야 만행이야

>

기름 짠 깻묵처럼 으깨져서 굳어져도
흰 옷 갈기갈기 찢기면서도
내 안의 하늘에도 해가 뜨고 별들이 반짝일 것임을
철석같이 믿고 믿은

현기증이 일었어
기계 조작이 서툰 나머지 늘 상처만 입고
마지막 고통을 삭혀야만 했어

어디선가 주문 외는 소리가 들렸어.

---

*은척 동학교당에 소장된 유물은 총 289종 1,425점이나 된다. 기름틀은 그중의 하나로 기름을 짤 때 사용했던 기구이다. 크기는 25.5×167.2cm, 높이 57.5cm.

곽아기 할머니

상주 은척 동학교당에는
아흔 되신 할머니가 사십니다.
열여섯에 시집와서 아들딸 낳고
헌성(獻誠)일마다
제수 장만으로 생애를 보내신 할머니
첩첩 산골에도 왜경이 들이닥쳐 수색할 때
놋쇠 의기를 부엌 아궁이 깊숙이 넣고
청솔 불을 지펴 연막을 치고
얽히고설킨 마을 안길 담 밑에 묻기도 하고
천정 속 대들보에 매달기도 하여
온전히 지켜낸 보물
한울님께 새벽마다 맑은 샘물 올리는 정성으로
반들반들 빛나도록 마루를 닦으며
지켜 오신 성체(聖體)
밤 이슥토록 목숨 같은 베를 짜서
몰려오는 허기를 달래준 포덕(布德)
시어른 하신 말씀, 쓰시던 관에서 미투리까지
어느 것 하나 소홀히 하지 않았으니

우리 믿는 도(道)가 따로 없는
세상에서 제일 큰 일 하신
상주 은척 동학교당 곽아기 할머니

후두티를 위하여

큰 일이 있을 때는
누군가에게 현몽을 한다지,
백년 가까이 어둠의 곳간에서 잠자던
상주 은척 동학교당 정신의 유산을 널리 알리는 날
너도 감응을 했구나.
머리에는 하늘 우러르는 관모(冠帽)를 쓰고
예복을 갖춰 입고 왔구나.
철벽같은 건물들 빼곡히 들어찬 막힌 공간에서
미로 같은 길, 용케도 찾아왔구나.
한 자, 한 획, 한 뜸이 새 생명으로 피어나는 자리
그에 어울리는 괘상(卦象)으로 치장을 하고
북녘에서 먼먼 길 날아왔구나.
여기는 젊음이 넘치는
새 아침을 열어가는 뜨거운 곳
겨울을 녹이는 입김이 새싹을 돋게 한다.
고통 없이 사는 삶이 어디 있더냐?
캄캄한 밤길 걷듯 외가닥 줄타기 하듯
그렇게 아슬아슬 살아온 게 아니더냐?

오늘 여기 있음도 고마운 일일지니

무섭고 사나운 덫을 넘어

가려므나, 영세불망(永世不忘)의 주문을 안고

봄이 오는 자작나무 우거진 숲으로

---

*2014년 12월 19일 초겨울 경북대학교 우당교육관에서 상주 은척 동학 기록물의 가치와 위상에 대한 세계기록유산 등재추진 국제학술대회가 있었다. 일곱 분의 마라톤 발표가 이어지고 있는 사이 휴식 시간에 정원 향나무 아래에 낯선 새가 보였다. 후두티였다.

후두티는 후두팃과에 속한 새로 몸길이 28cm, 날개 길이가 15cm 정도. 몸빛은 분홍색을 띤 갈색이며 날개와 꽁지에 흰색과 검은 색의 줄무늬가 있다. 머리에는 눕히고 세울 수 있는 크고 긴 깃털이 있다. 머리 깃털을 펼칠 때는 인디언 추장처럼 보이는 새. 4~6월에 나무구멍 속에 5~8개의 알을 낳는다. 길고 아래로 굽은 부리를 이용하여 작은 곤충을 잡아먹는다. 지상 3m 정도 높이로 날고 나는 속도가 느린 편이다. 우리나라, 중국, 만주, 시베리아 등지에서 번식하며 겨울에는 남쪽으로 내려와 월동한다. 학명은 Upupa epops.

때가 되면 다 된다

때라는 말이 참 좋다
때라는 말에는 기다림의 싹이 돋는다

우리가 캄캄한 어둠 속에서 억눌려 지냈을 때
짓밟히고 으깨지고
가마니처럼 묶여가서 고문을 받았을 때
사람이 하늘임을 몸소 보여준 여든네 해
삼풍 선생 마지막 운명의 순간에 남기신 말씀
'때가 되면 다 된다'
잠자던 경전이 눈을 뜨고
풀린 겨울 개울물 소리가 난다

때라는 말에는 닫힌 문이 열린다
다 때가 있다는 말 언제 들어도 참 좋다

*상주 은척 동학 교주인 김주희(1860~1944) 선생은 키 8척 184cm, 기골이 장대하여 2m 왕죽을 지팡이로 삼았다. 성격은 아주 엄격하여 안채마루에 서서 불호령을 내리고 왕죽을 내리치면 처마가 들썩거릴 정도였단다. 체천사상과 선천회복, 교정분리, 향신설위를 주장했다.
1943년 음력 10월 28일 수운 선생 오신 날 제사를 지내려던 참이었는데 난데없이 들이닥친 일경의 발굽 아래 교당은 아수라장이 되고 '이런 흉악한 놈들! 이 무슨 짓이냐'며 대노하며 위엄을 잃지 않았으니…… 1944년 12월 28일 여든네 해를 일기로 순도한 삼풍 김주희 선생의 마지막 말씀이 '때가 되면 다 된다'이다.

놋쇠 의기(儀器)

부엌 아궁이에서 살아난 하늘이 있네.
캄캄한 방고래에서 살아난 땅이 있네.
밝은 대낮이 오히려 어둡던 시절
수탈의 마수가 뻗친 날
곽아기* 할머니는 놋쇠 의기를
아궁이 깊이 밀쳐 넣고 불을 지폈다네.
푸른 솔가지를 태운 검은 연기로
뭉게구름 같은 연막을 쳤다네.
가까스로 소생한 아(亞) 자
상주 은척 동학교당의 상징 문자
중앙의 십(十) 자는 갑, 을, 병, 정……의 천간(天干)을
밖의 궁을(弓乙)은 음양의 조화가 쉬지 않고
순환한다는 것인데
헌성(獻誠)을 올릴 때에는 맑은 물을 담아
풍요로운 생명의 도를 담아
동서남북 그리고 중앙에 진설을 했다는
오방(五方) 세계의 틔어오는 밝음
하늘이 열리고 땅이 감응을 하는

넘치는 사랑이 있네.
보름달 같은 마음이 있네.

---

*곽아기(90): 상주 은척 동학교당 김정선 접주의 모친. 16세에 시집와서 지금까지 교당을 지켜오고 계신다. 은척 동학기념관에는 놋쇠로 만든 의기가 다섯 점이 있다. 지름 36cm, 높이 19.7cm, 무게 4.7kg의 제기이다. 양쪽 옆 중앙에는 손잡이가 달려 있고 입전에서 아래로 이어진 곡선의 아름다움이 넉넉함을 더해준다. 닫음도 장식도 생략하여 지극히 단조로우면서도 안정감이 있다. 둥글게 활짝 열려진 가슴에서 하늘과 땅의 뜻을 담아내는 그윽한 이치를 느끼게 한다. 그릇의 안쪽 중심에는 아(亞) 자가 새겨져 있다. 아(亞) 자에 들어 있는 궁(弓)은 하늘이고 을(乙)은 땅이지만 궁궁(弓弓)에 음양이 있고 을을(乙乙)에도 음양이 있다. 그러므로 궁궁 을을 가운데 오행을 겸비하여 십간(十干)이 십이지(十二支)에 응하고 합하여 때에 따라 도를 행한다. 즉 궁을의 조화로 오행이 상생하여 지극한 정성으로 쉼이 없으며, 소리도 없고, 냄새도 없이 자연히 절로 그렇게 된다.
곽아기 할머니께서 정성을 담는 의기를 구해냈다. 제사에 현수(玄水)라 하여 청수(淸水)를 담는 정화와 생명의 도기(道器)를 지켜냈다.

구업(口業)

저의 재종조부님께서는
상주시 은척면 우기리 동학교당에서
열심히 수도하신 동학교인이셨습니다.
얼굴은 늘 해가 떠오르듯 밝게 빛이 나셨고
음성은 굵고 진동이 넘쳤습니다.
오로지 성전(聖典)의 가르침대로
수행에 몰두하시는 모습을 보고 더러는
"빠져도 보통 빠진 게 아니야."
"이상해, 정상이 아니래도."
이렇게 험구를 하고 악담을 한 사람들은
이상한 일이 일어났답니다.
입이 고갯길처럼 삐익 돌아가고
얼굴에는 게딱지같은 부스럼이 돋아나고
갑작스럽게 닥친 일에 어쩔 줄을 몰랐답니다.
침을 맞고 약을 발라도
쉽게 낫지를 않았답니다.
몇 달 몇 년이 걸린 뒤
마음을 바로 잡고서야 정상으로 돌아왔다니

참 이상한 일이지요.
예나 이제나 입은 무거워야 되나 봅니다.
구업은 짓지 말아야 하나 봅니다.

태평루(太平樓)

새로 올린 단청이 핏빛이다.
어깨 들먹이는 걸쭉한 태평가는커녕
검은 기왓장 사이마다 신음 소리가 난다.
붉은 기둥을 타고 통곡 소리가 오른다.
1894년 동짓달 가을이 무너지는 너의 앞에서
이 땅의 가장 순박했던 흙의 사람들

강선희, 강홍이
손덕녀, 최선창, 이의성, 장판성
남융일, 최인숙, 윤경오, 김순녀
전명숙, 억손이

억손이, 동수나무 같은 억손이 무참히 참수되고
떠도는 혼령들의 원성으로
이름처럼 세상은 태평치를 못했다.
그때부터 네 가슴은 허공이 되어
쓸개 없는 바람 원한의 바람만이 휘몰아쳤다.
그 뒤 마음 곧은 사람들 밖으로 돌 듯

세 차례나 거처를 옮겼다.
불평루가 되지 않기 위해서

＊태평루: 상주 임란북천전적지에 있는 누각. 목사 정동교가 1747년경 세움. 세 차례 옮겨지었음.

동학인의 아침

그날처럼 어제도 번쩍번쩍 불빛이 터지며
지축을 울리는 굉음(轟音)이 들렸네
청솔가지나 짚단으로 군불을 땐
절절 끓는 토방에서 선잠을 자고
허연 입김 내뿜으며 사발통문 돌리는 동트는 새벽
가보세, 신묘한 일이나 일어날지 누가 알 텐가
가난하여 가벼워서 무거운 사람들
태산교악(泰山喬嶽)의 정신으로
산을 타고 들판을 지나
쩡―쩡― 강 얼음 터지는 소리를 들었으니
저마다 하늘을 안고 하늘의 말씀을 익혔으니
서풍에 흩날리는 하얀 스티로폼이나
나무에 걸린 검은 비닐 조각일 수는 없네.
뭇 곡식을 키우고도 줄지 않는 흙처럼
푹 썩어서 생명을 키우는 두엄처럼
우리는 가슴에 사랑의 불씨를 지펴오지 않았던가
자잘한 풀꽃을 키워오지 않았던가
성에 낀 유리를 닦고 덕지덕지 앉은 먼지를 털고

잎들이 잎들끼리 모여 겨울을 나는
나무들 겨울바람을 맞아 더욱 성장을 하는
해 오르는 동녘 큰들 사람들
자 떠나세, 신 끈을 고쳐 매고 이른 새벽
불면의 긴 터널을 나오면 산과 들판이 펼쳐지고
자잘히 봄꽃 피는 밝은 세상이 열리는 것을
두려울 것 없네
머뭇거릴 것 없네
길은 길로 이어져 돌아오는 것을

학창의(鶴氅衣)를 보고

풍선처럼 가볍게
하늘나라로 가는 옷이야
신라적 어느 스님은 옷에 밥을 먹였다지만
살아서 나붓거리는 저 춤사위 좀 봐
나래질 할 때마다 하늘자락도 춤을 추는
융단 같은 구름을 타고 오르는
천년 몸짓의 언어
조을시구(鳥乙矢口) 조을시구(鳥乙矢口)*
맑은 정신을 살찌운
깨끗한 영혼의 옷이야

---

*상주 은척 동학가사 『도덕가』 중 「몽심명심가」에서 인용. 고려와 조선시대 사대부들이 입었던 긴 한복의 하나. 소매가 넓고 가로로 돌아가며 검은 헝겊으로 넓게 꾸몄다. 고종 21년 1884년 도포(道袍)와 직령(直領)과 함께 폐지되었다. 『삼국지연의』 38장에는 제갈량이 학창의를 입은 모습이 표연하여 신선의 기개가 있다고도 하였다.(身披鶴氅衣 飄然有神仙之槪)

제2부

궁궁 을을(弓弓 乙乙)
―약한 사람들의 세상이 곧 온다

갑오세(甲午歲) 가보세 그려
어언 일백 년 거친 이랑 넘어온 오늘
아직도 사람들은
전쟁, 혁명, 봉기, 반란, 운동, 싸움이라고
제 생각만을 고집하고 있지만
궁궁 을을
뜻 막혀 저승이 된 길목에서
한 많은 넋 위로하는 제(祭) 올리고
원혼 달래주는 진혼굿 펼친다
묵정밭 풀들은 닥칠 겨울을 슬퍼하고 있지만
갑오세 가보세 그려
죽은 사람은 아주 죽은 것이 아닐세
없는 사람은 아주 없는 것이 아닐세
잎 진 자리 끝에 새잎이 돋아나듯
안개가 짙어야 해가 더욱 밝아지듯
사람 사는 세상은 먼저
뒤 하늘이 열리는 법
궁궁 을을(弓弓 乙乙)

우리 시대 별이 되어
―정비파 그림에 부쳐

녹두꽃 떨어진 그 이후
소식 없던 사람들이 모였습니다.
눈송이처럼 날려 높은 곳에 모였습니다.
우리 시대 별이 되어 하늘나라에 모였습니다.
숨어 넘던 산길 고개 어둠살이 내려도
길은 구비구비 대낮같이 밝습니다.
봉우리 올라 돌아서면 달려오는
꿈틀대는 산줄기 줄기
근심 떨군 싸락눈이 하얗게 엉겨
뽀드득뽀드득 주문 외는 소리가 납니다.
시천주조화정영세불망만사지
(侍天主造化定永世不忘萬事知)

베들평야*

베들평야에는 잠들지 않는 함성이
흰 눈발로 날리고
흙이 된 사람들
눈 나라에 평화롭게 살고 있다.
넓은 가슴에서 솟구치는 징 소리
이랑 이랑마다 숨결은 다시 살아
핏줄처럼 푸른 댓잎으로 다시 살아
힘이 넘치는 베들평야.
일어서는 땅의 먼 지평 너머로
아아라히 울러 퍼지는
사람이 하늘이여
사람이 하늘이여.

---

*베들평야: 전북 정주시 이평면 하송리에 위치한 만석보 주변에 펼쳐져 있는 넓은 들. 1893년 11월 전봉준, 정익서 등 베들평야 농민들과 함께 보세 감면을 고부군수 조병갑에게 진정했는데 이것이 갑오동학농민혁명의 원인이 됨.

원통봉 아래 도가 통하다

동경대전 분합무두(分蛤無頭)에는
원통봉 아래에서 도가 통하고 통하였다*고 나와 있네.
우리네 사는 터도 돌아가 묻히는 무덤도 명당을 찾듯
도통할 곳이 따로 있나 보네.
천지가 조화를 이루어 어둠을 물리친 곳
가려진 빛의 땅을
해월(海月) 선생은 어떻게 찾아들었을까
사람이 하늘이어서 오히려 사람이 무서웠던 시절
사람 사는 곳을 찾아다녔으니
강원도 인제, 정선, 영월, 충청도 단양, 보은
경상도 포항, 울진, 청송, 영양, 상주 등지로
서른일곱 해나 보따리 하나만 달랑 들고 떠돌아다녔으니
유채꽃을 좋아하는 노랑나비가 안내를 했을까
꿈틀대며 흘러온 백두대간이 품에 안았을까
내륙 깊숙이 골뱅이처럼 틀어 앉은
상주시 화서면 봉촌리
잎 트는 사월 마을은 잠자듯 조용했네.
동산이 앞을 가리고 구수한 흙냄새 가득 찬 동네

모판을 만드는 농부의 얼굴이 무척 닮아 보였네.
널찍한 이마, 번쩍이는 눈, 텁수룩한 수염이
흙 묻은 손을 잡으니 전류처럼 흐르는 굳은 힘
해월의 십무천(十毋天)에 '너를 보고 나는 부끄러웠네'라는 말이
정수리에 꽂히는 법설(法說)의 마을
어디 알런가, 어두운 눈 번쩍 뜨이는 개안(開眼)과
캄캄한 마음 환하게 밝을 심안(心眼)이 열릴지.

---

*암울했던 시대 최제우에 이은 동학의 2대 교주 해월 최시형(1827~1898) 선생. 이상향의 실현을 위해 노력한 역사상 최장기 지명수배자인 해월 선생은 원통봉 아래 지금의 상주시 화서면 봉촌리에서 도가 통하고 통하였다.(圓通峰下道通通) 선생은 이곳 전성촌에서 포덕 26년 9월부터 포덕 28년 3월까지 약 1년 6개월 동안 기거했다. 옛날 마을 안쪽에 군량미를 쌓아둔 창고가 있었는데 이 창고를 지키기 위해 골짜기 입구를 막아 성을 쌓았으므로 전성(前城)이라 불렀다.

백년의 침묵

나뭇가지에 걸린 붉은 글씨의 '산불조심'이
그날의 깃발처럼 펄럭이는 일요일 오후
상주시 화남면 임곡리 후미진 곳
물소리 멎은 넝쿨 어지러운 개울가
진산 강씨 휘 선희지묘 (晉山姜氏諱善熙之墓)*
자석에 이끌린 양 잔 올리며 늦은 참배하다.

−광산의 폭파음보다 우렁찬 함성이 산을 흔든다.
−부릅뜬 불의 눈이 불을 뿜고 있다.

목 베인 육신의 아픔보다도
어두웠던 백년의 침묵과 소외가 고통으로 쌓여
산새 울음 구슬픈 봄 산천에
뜨겁게 활활 타는 진달래꽃

대모산 아래 흙 걸구며 흙처럼 살자 했는데
푸른 하늘 받들며 사람으로 살자 했는데
청명 앞둔 사월 무덤가에는

생강나무의 노란 꽃술이 벙글고 있다.

---

*강선희 상주 동학농민군지도사. 1894년 11월 태평루에서 참수 당함.

하늘 오르는 집
―동학 농민군 강선희의 생가

낮은 산기슭
구령산을 향해 앉은뱅이 꽃처럼
땅에 앉은 집
울 없는 집에는 하늘이 내려와 산다.

텃밭에는 겨울 지난 마늘 싹이
풋풋하게 솟아 있다.

거동 없는 날에는 쾅쾅
바위의 발톱을 쪼아냈다는 부엌
끄름이 덥혀 동굴같이 어둡다.
하지만 조선 솥에는 시래깃국 냄새가 났다.
청솔가지 냄새가 흘러 넘쳤다.

사람들은 모두 묘지 다듬으러 산으로 가고
밝은 햇살이 몸 낮추어 들어오는 집
고개 넘어 돌아서니 꽃씨처럼
훨훨 하늘로 오르고 있었다.

날 받은 듯이

1894년 12월 2일
회문산 아래 순창 피노 마을에서
한 날 전봉준이 붙잡혔습니다.

회문산 아래 정읍시 산내면 종성리 느티마을에서
한 날 김개남이 붙잡혔습니다.
날 받은 듯이

피노 마을과 종성리는 20여 리 떨어져 있습니다.

조리돌려진 머리가 살아있습니다.
세상 바로 보는 눈 부릅뜨고
차마 감지 못하고

어떤 강론 1
―인내천(人乃天)

1885년 12월 어느 날 상주 화령 전성촌에 최 보따리 선생이 오셨다. 사람의 향기는 아카시아 꽃향기보다 더 멀리 날아가는 모양이다. 소백의 능선을 넘어온 바람이 귓불을 때리는 한겨울인데도 그의 말씀을 듣고자 도인들이 줄줄이 모여들었다.

최 보따리, 해월 선생이 먼 길 나설 때는 낡은 무명 보자기에 필요한 도구만을 넣은 뒤 둘둘 말아 묶어서 등에 메고 다녔기 때문에 사람들이 그렇게 불렀다. 차가운 바람 속에서도 마루와 마당에 도인들이 귀를 모으고 있었다. 선생은 무거운 이야기보따리를 풀 참이었다.

"내가 얼마 전 청주를 지나다가 서택순의 집에서 찰가닥 찰가닥 베 짜는 소리를 들었습니다. 쉼 없이 일정하게 울리는 그 소리를 듣고 서군에게 '누가 베를 짜는 소리인가? 하고 물었습니다. 서군이 대답하기를 '제 며느리가 베를 짭니다.'라고 대답했습니다. 내가 다시 물었습니다. '그대의 며느리가 베 짜는 것이 참으로 그대 며느리가 베를 짜는 것인가?' 서군은 무슨 말인지 아리송했습니다. 내가 하는 말뜻을 몰랐습니다. 여러분! 나의 말뜻을 모르는 것이 어디 서택순 혼자 뿐이겠습니까? 서군의 며느리가 베 짜는 소리를 들었을 때 나는 공교롭게도 하느님이 베를 짜는 소리로 들었습니다. 그러니 앞으로는 우리 도인의 집에 사람이 찾아오거든 사람이 왔다고 이르지 말고 하느님이 찾아오셨다고 말하십시오."*

그날 해월의 강론은 그것으로 끝이 났다. 노루 꼬리같이 아주 짧은 강론이었다. 도인들은 짧은 강론에 고개만 끄덕이다가 산처럼 말이 없었다. 가슴에 뜨거운 불덩이가 들어와서 활활 타오르는 느낌이었다. 사람과 하늘, 하늘과 사람, 두 낱말이 번갈아 솟구치다가 하나로 합쳐졌다. 인내천, 몸이 하늘로 날아올랐다.

---

*조중의가 지은 『새로운 세상을 꿈꾼 해월 최시형』의 122~123쪽 인용.

어떤 강론 2
―밥 사상

 1894년이 기우는 12월 우금치 싸움 이후 최 보따리의 잠행(潛行)은 계속되었다. 이듬해 동짓달 덥수룩한 수염, 움푹 파인 눈, 땟국에 전 해진 옷자락, 노인의 초라한 모습으로 들길과 산길을 걸어온 강원도 인제 땅, 잇단 비보에 붉은 눈물을 흘렸다. 그곳에서 도인이 차려준 보리밥상을 앞에 두고 입을 열었다.

 "젖은 사람의 몸에서 나는 곡식이요, 곡식은 천지에서 나는 젖이라네. 그러니 사람이 어려서 어머니의 젖을 빠는 것도 천지의 젖을 먹는 것이고 자라서 곡식을 먹는 것 또한 천지의 젖을 먹는 것일세. 그래서 밥 한 그릇의 이치를 알면 만사를 아는 것이라네. 그러니 천지는 부모요, 부모는 곧 천지라네. 천지와 부모는 한 몸인 것일세. 그런데 사람들은 부모가 아이를 배는 이치를 알면서 천지가 곡식을 배는 이치를 모른다네."*

 밥숟갈을 든 해월의 손이 나뭇잎처럼 떨렸다. 보리밥알이 몇 낱 옷자락에 떨어졌다. 까칠한 밥알이 입안에 들자 부드러워졌다. 천천히 꼭꼭 씹어 삼켰다. 구수한 맛, 달착지근한 맛이 입안에 감돌았다. 둘러앉은 도인들이 꿀꺽꿀꺽 침을 삼키고 있었다. 목줄기가 꿈틀거리고 천지가 꿈틀거렸다.

---

*조중의가 지은 『새로운 세상을 꿈꾼 해월 최시형』의 190쪽 인용. 1895년 동짓달 강원도 산속으로 피신하면서 인제에 다다라 도인이 차려준 보리밥상을 앞에 두고 행한 강론이다. 천지와 부모는 한 몸이요 젖과 밥은 천지의 산물이니 공경하고 감사하는 마음을 가져야 된다는 원론이다. 밥이 곧 생명인 사실을 잊고 지내는 평상심에 대한 각성이자 경종을 울린 것이다. 해월은 1898년 5월 원주시 호저면 송골에서 관군에 체포되어 7월 21일 한성감옥에서 교수형을 받고 처형, 72세의 생을 마감했다. 죄목은 좌도난정률(左道亂政律) 호남지역을 어지럽게 했다는 것이다.

어떤 강론 3
―머슴 놈 머슴 놈*

　경상**이 다섯 살 때 어머니가 돌아가시고, 열다섯 살 때 아버지가 서른세 살의 젊은 나이로 갑자기 돌아가시자 그만 고아가 되었어요. 죽음에 대한 공포와 불안과 두려움에 떨었지만 어린 여동생과 살길을 찾아 나서야만 했대요. 종숙부집에서 머슴처럼 노동을 했으나 연이은 흉년으로 곤궁해진 집에서 더 이상 머물 수가 없었어요. 다시 서럽고 막막한 들길을 걸어서 11촌 되는 먼 친척집에 가서 머슴살이를 했대요. 몸 사리지 않고 부지런히 일을 했는데 마음씨가 고약한 아주머니의 편견과 학대로 고생이 많았대요. 그리고 몇몇 동네 사람들이 '머슴 놈' '머슴 놈' 하면서 멸시를 했나 봐요. 그럴 때마다 속이 쓰리고 가슴을 도려내듯 아팠대요. 그래도 꾹꾹 참고 소처럼 부지런히 일을 했대요. 머슴살이가 고되면 하늘을 우러러보고 부드러운 흙을 안으면서 세상을 배우고 시련을 극복할 힘을 길렀대요. 속이 깊고도 넓게……

　그 이후로 선생께서는 "사람이 곧 하늘님이니 너희들은 사람 모시기를 하늘님 모시듯이 해야 한다."고 평생토록 강조하셨답니다. 고난에서 싹튼 인간사랑, 사람이 하늘님으로 대접받는 세상이 그때부터 열려졌지요. 똑같이 평등하게, 그리고 높이 날아 멀리 가는*** 정신의 자유를 누린 사람 있나니.
살아 빛나는 조선의 영혼이 있나니……

---

*해월 선생 제자로 익산 출신 동학접주였던 오지영 선생이 지은 『동학사』에 나오는 이야기.
**경상: 해월 선생 어릴 때 이름.
***수운 선생이 남긴 마지막 시의 한 구절. (燈明水上無嫌隙 柱似枯形力有餘 高飛遠走)

어떤 강론 4
―순탄치 않은 사실[*]

 『생명의 눈으로 보는 동학』을 지은 박맹수 교수가 미나미 고시로(南小四郎) 소좌가 수집하고 그의 아들 및 손자가 오랜 기간 보관해왔던 소위 '동학문서'[**]가 존재한다는 사실을 처음 접한 것은 1998년경이었대요. 그때부터 해당 문서의 문서관 보존 및 일반 공개가 실현된 2010년에 이르기까지 오랜 기간 온갖 노력을 다하신 분이 바로 홋카이도대학의 이노우에 교수래요. 박 교수가 동 문서 보존 및 일반 공개를 위한 교섭 과정에 기회 있을 때마다 참여하면서 알게 된 사실이 있대요.
 그것은 바로 동학농민군 진압에 참가한 뒤 고향으로 돌아온 미나미 소좌의 여생이 순탄치만은 않았다는 사실이랍니다. 하는 일마다 꼬이고 막혀서 불행한 노년을 보냈다는 것이지요. 미나미 소좌만이 아니라 동학농민군 진압에 가담했던 다른 장교들도 진압작전이 다 끝난 뒤에도 개인의 인생작전은 얽히고 얽혀서 고국으로 귀국하기 전에 우리 땅에서 자살한 경우가 적지 않았답니다.
 "매번 적을 상대할 때 우리 동학농민군은 칼에 피를 묻히지 아니하고 이기는 것을 으뜸의 공으로 삼을 것이며, 어쩔 수 없이 싸울 때라도 간절히 그 목숨을 해치지 않는 것을 귀하게 여길 것이며……"*** 이 같은 규율 아래 보국안민(輔國安民) 광제창생(廣濟蒼生)의 기치를 내걸고 일어선 조선의 어진 농민들을 무참히 짓밟았으니……

그러고도 이 세상에 한 번의 생을 받은 인간으로서 고통이 없다면, 거머리처럼 달라붙는 고뇌가 없다면 어찌 인간이라 하겠어요. 내세가 아닌 현세에서 바로 받은 업보가 아닐는지요. 하는 일 뿌린 그대로 거두나니, 동학은 감나무 접붙이듯 생명의 접붙이기거늘.

---

*박맹수 지음 『생명의 눈으로 보는 동학』 70쪽, 108~109쪽 참고.
**동학농민군을 탄압했던 일본군 독립 후비보병 제19대대의 대대장이었던 미나미 고시로(南小四郎) 소좌가 썼거나 수집해서 남긴 동학농민혁명 진압 관련 문서를 비롯하여 동학농민혁명 당시 조선 현지에서 동학농민군으로부터 입수한 문서.
***東道大將 下令於各部隊長 約束日 每於對敵之時 兵不血刀而勝者爲首功 雖不得已戰 切勿傷命爲貴…1894년 음력 3월 21일 전라도 무장에서 전면 봉기한 동학농민군은 3월 25일을 전후하여 전북 부안 백산성에 결집하여 진영을 개편하고 행동강령과 함께 12개조 기율을 발표함.

어떤 강론 5
―가슴 찡한 이야기

해월 선생 제자 중에 서장옥(徐璋玉)이란 이가 있었어요. 그는 의협심이 강해서 불의한 일을 보면 참지 못하는 불같은 기질을 지녔대요. 그는 동학을 한다는 죄목 때문에 동지들이 무수히 잡혀가 억울하게 죽기도 하고, 귀양 가기도 하고, 부당하게 재산을 빼앗기는 것을 보고는 속이 부글부글 끓어올랐어요. 참다 참다못해 항의를 하다가 관에 잡혀 죽을 지경에 이르렀어요. 그때가 1890년 초엽의 일이었어요.

이로 인해 해월 선생도 신변이 위태로워져서 강원도에서 충청도로 피신을 하게 되었어요. 종일 빗속을 뚫고 남쪽으로 내려오다가 밤이 되어 외진 주막에 머무르게 되었지요. 그런데 밤이 깊었는데도 해월 선생께서 주무시지를 않는 거예요. 선생을 모신 제자가 이상히 여겨 여쭙기를 "종일 비를 맞으셔서 감기가 들지도 모르고 피곤하실 텐데 왜 주무시지 않으십니까?" "장옥이가 지금 동지들을 위해 일하다가 잡혀 감옥에서 죽을 지경에 이르렀는데 내가 어찌 이만한 일로 따뜻한 이불을 덮고 편한 잠을 잘 수 있겠느냐?" 하시면서 꼬박 밤을 지새웠다고 합니다. 참 가슴 찡한 이야기지요.

---

*박맹수 지음 『생명의 눈으로 본 동학』 34쪽 율문을 하였음.

똥 다 누고 나가겠네

마지막 가는 길 가볍게 가려고 하네.
속에 가득 찬 것 모조리 비워야지

포식자가 많은 세상
꿈에 신인이 나타나 손바닥에 써서 보여준
남조선을 개벽(開闢)한다는 이름 김개남(金開南)[*]

차별의 굴레를 벗기 위해
사무친 원한을 풀기 위해
불꽃같은 삶을 산 천민의 해방

배신으로 조여 오는 순간 내뱉은 말
"똥 다 누고 나가겠네."

마흔두 해 무거운 삶을 부려놓는
깨끗하게 뒷세상을 열어가는

---

[*] 김개남(金開南 1853. 9. 15~1894. 12. 13) 조선말기 한학자. 동학 종교인. 1894년 동학농민혁명 당시 전봉준, 손화중과 아울러 농민군 남접의 3대 지도자의 한 사람.

일어서는 흙
―농민의 선각자 정나구* 님에게

살아서도 죽은 사람이 있습니다.
아니 죽어서도 살아있는 사람이 있습니다.

목이 타는 가뭄에 별호가 당나귀인
비구름을 싣고 가는 당신 생각을 합니다.

한 많은 산하 굽이치는 먼 길
뚜벅뚜벅 어느 산마루를 오르고 계신지요?
들을 지나온 바람에는 마늘 냄새가 납니다.

낮게 자란 질경이같이 짓밟혀 온 삶의 막바지에서
웅크렸다가 일어서는 흙의
우뢰처럼 천지를 뒤흔든 생명의 소리

흙은 목숨으로 지킨 흙의 정신입니다.
눈물과 땀과 끈끈한 사랑이 담긴
하늘의 뜻입니다.

>

무참히 삼신의 줄이 끊기었어도

봄이면 포도 순으로 돋아나 길을 열어갑니다.

당신이 걸어온 물길을 따라서

＊정나구는 임술년 1862년 상주농민항쟁에서 가장 앞장섰던 인물. 조두꺼비(趙斗加非) 김말대, 손문덕, 김득이와 함께. 주위 사람들이 그를 당나귀라고 불렀는데 의협심 강하고 신의가 두터웠던 사람이었다. 비타협적인 투쟁의 결과 그는 죄괴(罪魁) 수범(首犯)으로 몰려 효수(梟首) 당했다.(「19세기 후반 상주지방의 농민항쟁」 김종환, 한국교원대학교 대학원 1994. 참고)

마당 포덕(布德)

"동학에 입도하여 살길을 찾자"
해월 선생이 자리를 정하고 입도식을 가졌다.
하도 짚신을 신고 온 사람이 몰려들어
멍석을 편 마당에서
맑은 물 한 그릇 떠놓고 절을 했다.
물길을 트는
바로 동학인(東學人)이 되었다.
해 뜨는 나라 사람이 되었다.

제3부

필법(筆法)

'필법을 닦아서 이룸에는
그 이치가 한 마음에 있다.'*는 말을 보고
힘을 얻었다가도 풀이 죽었네.
마음이 움직여서 살고 있지만
어디에 거처를 두고 나들이를 하는지
도대체 종잡을 수가 없으니
이 몸 왔다가 가는 일이
지나가는 바람결과 같을진대
어느 해 상주에 오신
안병욱 선생께서 주신 세심정혼(洗心淨魂)
그 담긴 뜻도 마음과 혼에 있고
깨끗하고 정갈하게 가꿔야 하거늘
자연스러워서 멋이 있어 뵈는
그 필법이란 것이
꿈틀꿈틀 굼벵이 기어가는 듯하여
땅속에서도 눈이 밝게 사는 듯하여

―――――
＊修而成於筆法 其理在於一心(東經大全)

짚 1

다 주고 떠나는
마지막 가는 길은 부드럽다.
빈 들로 사라지는 종소리의 여운이듯
해질녘 길 떠나는 사람의 뒷모습이듯

땡볕과 장마 속에서 초병처럼 서서 버틴
이제는 무서리 내린 찬 논바닥에 누워
덕장의 명태처럼
바람과 햇살에 몸 말리는 초분(草墳)

가벼운 육신 무더기로 꽁꽁 묶여서
수의 같은 흰 비닐에 싸여서
누룩 뜨듯 푹 익혀 진한 맛을 들여
온몸을 소에게 소처럼 고스란히 공양 올리는

우걱우걱 되새김질하는 저물녘의 우리
가죽 속 움직이는 붉은 꽃으로 불어나는
은밀한 시간

함께 머물렀던 텅 빈 자리
벼 그루터기 추워 보인다.
마른 눈물 자국 보인다.

짚 2

아버지 짚이 되셨네.
햇살 밝은 가을날 벼 거둔 천수답에서
퇴비 깔고 보리씨앗 넣으시며
'참 좋다 참 좋다' 이르시고 짚이 되셨네.
마당 가득 처마보다 높게 차곡차곡 쌓인 낟가리
볏짚으로 쌓은 황금의 성
그때는 정말 넉넉한 부자였네.
은은한 달빛 넣어 꼬아낸 새끼줄보다 질긴
삼신 줄을 엮어 오신 우리 아버지
포성이 오갔던 그해 여름 문경새재 보국대 다녀오신 뒤
목마를 해서 건넜던 낙동강
아버지의 높은 어깨에서 솟아났던
쇠죽솥의 구수한 짚 냄새
한가한 날 약주를 즐기셨던 아버지의 불그레한 얼굴이
근심을 태우셨던 아궁이의 불기운으로 상기된
그 모습으로 나도 홍시가 되면
멍석에 누워 별 헤며 들었던 가마니 치는 소리 솟아나고
이엉 엮어 새로 덮은 집의 따뜻한 겨울밤에 닿는데

짚 거둬간 빈 들 썰렁하다 못해 차가움으로 오는
대설 지난 지금에야 조금 알 듯도 하네.
짚이 되신, 흙이 되신
아버지의 길지 않은 생애를

짚 3

논바닥에 쓰레기 버리듯 깔렸다.
몸 낮추어
시장바닥처럼 마구 밟히고 으깨지고 그러다가 마침내 흙이 되었다.
흙을 생명처럼 걸우어 온 이 땅의 사람들
흙을 모독한, 흙을 배신한, 흙을 분노케 한 이리들 앞에
푸른 대처럼 불쑥 일어선 갑오년의 농민들이었다.
불길 속에서
뙤약볕 아래에서
하늘 바라는 푸른 물결로 살다가
가을에는 흙빛이 되어 흙으로 돌아가 흙이 되었다.
짚의 일생.

짚 4

나도
함께 묻어다오

소의 먹이가 되고 싶다
느긋하게 되새김질하는

나도
함께 묻어다오

소의 덕석이 되고 싶다
차디찬 땅속에 묻힌

―――――

＊2010년 11월~2011년 3월 사이에 발생된 구제역으로 살처분된 소가 약 13만 6천 마리, 돼지가 약 206만 마리가 된다.

놋그릇

남아 있었구나
눈 부릅뜨고 이 잡듯 뒤져서 수탈해가는
강제로 빼앗아가는 공출마당에서도

막힌 지붕 속에서 갑갑한 땅속에서
굼벵이처럼 꼭꼭 숨어서 보낸 암울했던 날들

황토빛으로
우리 얼굴빛으로 변함이 없구나.

보기만 해도 식욕이 넘치고
주린 배가 불러오는 넉넉함

빻은 기왓장 가루를 짚에 묻혀 닦아서
상에 오르면
달무리처럼 은은하게 밝아오는 세상

담기는 사람과 하늘과 땅이 적지 않거늘

식욕을 비운 뒤

반드시 물을 부어 마르게 하지 않는 선인들의 농사

그 기원으로 향불 피워

놋그릇은 대(代)를 잇는다.

옥수수

바람벽에 매달린 옥수수를 보면
눈물이 난다.

상투 쫓듯 겉잎을 치켜 올려 하나로 묶인 옥수수를 보면
가슴이 조여든다.

알몸을 드러낸 채 딱딱하게 야위어가는 몸을 보면
효수된 동학군의 부릅뜬 눈이 떠오른다.

목이 꺾인 옥수수의 육탈(肉脫)

하얀 햇살 따끔하게 내리는 가을날
고유제를 올린 뒤
동학농민혁명기념비를 제막하고
우리는 막걸리로 목을 축였다.

붉은 팥고물의 시루떡을 먹어도
왠지 허기는 가시지 않았다.

>

가슴에 긴 옥수수 잎 서걱거리는 소리가 났다.

시래기에 대한 명상

그때도 줄줄이 엮어서 매달았었지.
늦가을 어스름이 내리면 다가올 겨울을 생각하며

성지를 드나들듯 장독을 둘러보고
잎 떨어진 감나무 사이로 내려온 하늘
허공으로 뻗어나간 가지 끝에 솟은 별을 보았지.

이른 새벽에 몇 사람이나 길을 떠났을까

겨울에 푹 삶아 끓여주던 쇠죽 냄새 나는
시래깃국에 보리밥 한술 말아 먹고
사발통문 가슴에 품은 채
눈 내린 고갯길 발자국 지우며 걸어간 사람들

그칠 줄 모르게 내려 쌓이는 눈으로
소나무 찢어진 가지 허연 속살에서
기름 짜듯 송진이 삐져나오는 고통의 한기

부엌 아궁이에는 사그라진 재 속에 불씨는 살아
그래도 아랫목은 따뜻했는데
벌들은 한 방울의 꿀도 나눠먹으며
겨울을 난다는데

맵고 찬 바람을 맞으며
눈 속에 묻힌 풀들의 꿈을 생각하며
새벽을 열어 간 흙을 사랑한 사람들

매달린 것은 시래기만이 아니었지.
바람에 서걱거리는 시래기만이 아니었지.

하늘에도 잔디가 자란다

오래도록 몸 낮추어 살아왔다
이 땅의 산야에서
눌리고 짓밟히면서 살아왔다
흙을 지키려는 일념으로
어울려 푸른 물살을 이루고
어울려 누런 금빛으로 물들고
관절통을 앓으면서 튼튼해진 뿌리
하지만 목 꺾어지고 피 흘린 자들이
어디 우리뿐이랴
늘 그리운 것은 엄마 품 같은 하늘
팔 벌려 바라보며
하늘 되기를 바랐으니
꼿꼿한 자세로
어둠을 거둬 올린 자잘한 검은 꽃씨들
속으로 몇 섬이나 달달 볶아댔을까
먹구름이 걷히면
하늘에도 잔디가 자란다

감나무

올봄에 감나무 접붙이기를 했습니다.

고욤나무에 접을 붙여야 감나무가 되어
해를 닮은 감이 주렁주렁 달리듯이
접으로 밝아오는 동학

오로지 하늘 모심으로 하늘빛을 받아
하늘과 땅과 인간이 접해야 새 길이 열리는
남북접이 하나로 뜨거웠던 갑오년

순한 농투성이 말 접이 붙어 힘이 붙어
푸른 생명의 가지가 뻗어가는 말목장터 감나무

속이 타서 새까만 먹줄이 드는 아픔을 알까
떫은맛이 진해야 단맛이 나는 이치를 알까
가슴 열고 귀 열고 선 나무

동학의 나무에 접붙이기를 했습니다.

발가락이 나왔다

싸락눈 내린 겨울 아침 거적때기 이불 덮고
아들이 이끄는 손수레에 누워 가는
발가락을 보았네

지상에 내려왔던 하얀 반달
다시 하늘 길 가는
굼벵이처럼 낮게 엎드려 입 다문 수행의 길

좌판에 놓인 채소와 어물이
아직은 살아서 누워 있는 저자에서
눈에 담긴 골목길에서
허튼 발자국 하나 남기지 않고

열려진 문 앞에서 어정거리다가
첫 말씀이 가득 담긴 늪에서 허우적거리다가

하얀 목화송이로 피어나 감싸주는
세상에 나와서 부끄럽지 않은

닳은 나무의 발가락

세차게 겨울바람 부는 날 저녁
발가락이 나온 동학군 이야기를 들었네

싸리나무는 죽지 않는다

한때 못 먹어서 피어난 마른버짐에는
싸리나무를 태워서 나오는 진액이 효과가 있었다.
싸리비, 싸리채반, 싸리바소쿠리, 싸리 울타리
싸리나무는 두루 쓰이는 고마운 나무였다.

그런데 참으로 어둡고 답답하던 1930년대
몸을 옥죈 듯 꽉 낀 검은 교복을 입고
챙이 뾰족한 배 모양의 모자를 쓴 국민학교 학생들이
싸리나무 다발을 한 짐씩 멜빵을 하여 걸머지고
줄지어 서 있는 흑백사진을 보았다.

적어도 80년이 훌쩍 지난
상주시 화동면 화동면사무소 복도에서
사진 속 주인공은 돌아가시고 민둥산을 배경으로
또래의 어린 모습으로 함께 남아 있는데
꺾인 싸리나무의 아픔보다 진한 슬픔과 울분이 솟구치는데

어디로 갔을까 우리말보다는 남의 말을 배우며

짚을 나르고 관솔을 따던
유년의 아픔이 배인 산하가 저리 고운데
묶여서 실려 갔던 흔적 없이 사라진
애잔한 모습들이 가슴을 누른다.

11월 11일 농업인의 날 면민들은
화동의 정신이 담긴 면지를 만들기 위해 이층 회의실에서
농사짓듯 두 시간 넘게 회의를 하고
무르익은 포도 향내 가득 찬 들바람을
팔음의 산바람을 일으키고 있다.

싸리나무는 죽지 않고 닳을 뿐이다.
펄펄 살아서 벌들을 모으고 이른 아침을 깨우고
암울한 시대를 꿰는 감 꼬지가 된다.
이 땅 산야에서 자라나서 죽지 않고 살아나서
우리 산의 정갈한 토종나무가 된다.

나락이 패다

해마다 팔월에는 나락이 팬다.

토종 밀가루빛 나락 꽃에는
엄마 젖 냄새가 난다.
비 올 때 황토에서 솟아나는 우리 흙냄새가 난다.

이른 봄 이앙기에서 떨어진 어린 모는 애처로웠다.
험한 세상 어떻게 뿌리내릴 수 있을까
마음 조아리며 봄밤을 새웠다.

싸리비처럼 어울려 줄줄이 서서 살 부비며
한때는 여든여덟 번의 따뜻한 손길을 생각하며
밤새도록 울어주는 개구리 소리 들어가며

참 많이도 참고 견디어 온 나날이었다.
가슴이 타는 가뭄도 불볕더위도
이화명충도 애멸구도 도열병도 새까맣게 썩는 탄저병도

여름날 산그늘 내릴 무렵 푸른 물살 일으키는
학 떼 같은 농부들의 구성진 농요는
잊은 지 오래된 평화로운 추억의 소리였다.

장닢을 올려 일제히 하늘에 고축을 하고
그날 거리에 뛰쳐나와 만세 부르는 백성들처럼
쑥쑥 목을 내민다.

기쁨의 함성 소리가 들린다.
천의 손, 만의 눈이 모여 속이 차는
별처럼 촘촘히 박혀서 하얗게 빛이 나는

나락은 나라의 양식
나락은 우리의 살, 우리의 뼈, 우리의 피, 우리의 생명
백의의 혼이 깃든 정령(精靈)이러니

이 땅 일어서서 되새겨보는 붉게 익는 여름
해마다 팔월에는 나락이 팬다.

해원(解冤)

해원이란 말 속에는 물이 흐른다.
언 땅을 녹이는 물이 흐른다.

신라 적 큰 스님도 해원을 얘기했거늘
2008년 『내 딸을 백 원에 팝니다』라는 시집을 낸
탈북 시인 장진성(43)도
문학을 통해 때론 해원한다고 했으니
2012년 런던에서 열린 세계시인대회에
북한대표로 참가하여 느낀 것이
인권 선진국일수록 문화선진국이더라는 것
정치가 아닌 문화로 말하고 설득하려고 했다는 그
1994년 상주 동학 100주년 기념사업회를 결성하고
누군가 해야 될 일을 한다는 마음으로
구천을 떠도는 원혼들 모시고
한풀이 굿도 하고 열린 제사도 올렸는데
궁궁을을 잘 사는 뒷날이 온다는 연극 공연도 하고
녹두꽃 떨어진 그 이후 그림전도 열었는데
하늘과 땅과 바다에서 아니 사람 사이에서

사는 일 모르는 사이 원을 쌓는 일이거늘
애타게 바라지 않아도
성처럼 쌓여지는 일이거늘
돌아보면 모두가 푸는 일이었네
얽히고설킨 꼬인 매듭을 풀듯
가슴에 웅어리진 쇠뭉치의 원한을 푸는 일이었네
참회의 리본을 달고 빈 하늘로
연처럼 가볍게 날려 보내는 일이었네

해원이란 말에는 날개가 달려 있다.
가볍게 서방으로 나는 날개가 있다.

가는 것은 반드시

가는 것은 반드시 돌아올 때가 있나니*
아주 간다고 생각지 말자
해질녘 곱게 물드는 노을 속에
그림자 지우며 나는 새들 돌아와
아침이면 다시 떠나는 것을
눈앞에 보이지 않는다고 해서
아주 가는 것이 아니라
먼 저편에서도 기원의 손 모으고 있나니
한 송이 조화가 없어도
줄지어 기다리는 사람이 꽃인 것을
세상에서 제일 아름다운 광경인 것을
아주 간다고 생각지 말자
강 건너 저 언덕에도
들꽃은 바람에 흔들리나니
진 잎은 새 잎으로 다시 피어나느니

---

*주역 태괘 구삼효(周易 泰卦 九三爻)에 나오는 말. 무평불피(無平不陂) 무왕불복(無往不復)으로 평탄한 것은 반드시 기울어질 때가 있고 가는 것은 반드시 돌아올 때가 있다.

제4부

불두화

번뇌를 물리친 사람의
머리에 핀 꽃

한우여 어디로 가려느냐

논바닥이 꽁꽁 얼어붙고 바람 찬 한겨울에
귀에는 고유번호가 쓰인 노란 패찰을 달고
머리에는 너를 수매하라는 붉은 수건을 동여매고
한우(韓牛)여 어디로 가려느냐
푸른 기와가 있는 집은 네가 갈 곳이 아니다
풀냄새 흙냄새가 없는 도회는 네가 갈 곳이 아니다
따뜻한 너의 집 일용할 부드러운 짚을 두고
흰 거품을 물고 둥근 눈을 멀뚱거리며
어디로 가려느냐 한우여
튼튼한 네 발이 있어도 마음대로 갈 수도 없는
세상은 어지럽기만 한데
차라리 공주 우금치(牛金峙)*로 가거라
개틀링 기관총과 쿠르프 포에 산화한
무라다 소총과 스나이드 소총에 쓰러진
너를 끔찍이 사랑한 사람들이 누워 있는
우금치로 가거라
그곳에서 하늘이 찢어지라고 목 놓아 울어라
겨울 들판이 깨어나도록 목 터지게 울어라

우보천리(牛步千里) 어딘들 못 가겠느냐
앞뒤로 줄 이은 트럭에는 동료들 냄새가 난다
삭은 짚 냄새가 난다
고속도로는 입구부터 차단되고 갈 길은 멀다
그해 겨울 산을 타고 내를 건너
그곳에 모였듯이, 사람이 하늘임을 외쳤듯이
뚜벅뚜벅 걸어서 가자
고아도 푹 고아도 남는 건강한 다리로
한때 쟁기와 흑지로 갈아서 걸군 땅을 밟고
부드러운 가슴을 밟고

---

*우금치(牛金峙): 공주시 남쪽 주미산에 있는 고개로 1894년 10.23~11.15(음력) 동학농민군이 관군과 일본군의 연합군을 상대로 최후의 격전을 벌인 역사적인 곳.

유월의 느릅나무

사라진 당집 곁
나이 많은 느릅나무 한 그루 있다.
주간은 뿌러져 속은 검게 썩어 있고
곁가지가 살아 푸른 물살이 인다.
억센 리기다소나무와 아카시아나무 사이에서도
푸른 깃발처럼 청청하다.
다 가고 없다.
이제 금줄을 치고 치성을 드렸던 사람들도
나무의 기억을 찾는 사람도 없다.
수많은 사람들이 묻혔다가 사라진
공동묘지의 들머리에서
혼령들을 맞이하고 보냈을 눈물의 나무
한 많은 사연 풀어놓으면 긴 강물 이루고
높은 산으로 우뚝 솟을 테지만
자잘한 푸른 속말뿐
그해 긴 여름과 가을이 가도록 북천 다리를
건너가고 건너온 이 땅의 젊은이들
부르튼 발과 주먹밥과 뜨거운 가슴이

온통 땀과 먼지에 젖어 있다.
날쌘 호주기의 기총소사로 불타버린
인민군이 탄 삼륜 오토바이며
B29의 폭격으로 두 동강이 난 북천교
그때의 굉음과 안개 같은 자욱한 먼지를
나무는 아파할 수가 없다.
깊이깊이 잠재우고 있을 뿐이다.
속을 삭이고 있을 뿐이다.

가죽나무

봄은 새순을 오복조복 내준다.
냉이, 쑥, 달래, 씀바귀
가죽, 오가피, 곰취, 돈나물, 부추, 두릅······
봄의 미각은 이름처럼 다채롭다.
그중에서도 가죽은 아주 보수적이다.
독특한 향기는
지난날 온종일 솥 적다 솥 적다고 울던 시절
빈 솥 단 냄새가 난다.
유월 누렇게 익은 보리밭에서 솟아나는
달아오른 불볕 냄새가 난다
가죽은 꺾어도 다시 싹을 틔운다.
가볍게 보지 마라
꺾이고 넘어지면서도
다시 일어섰던 사람들
곁에 있었으니
돌아들던 담 모퉁이 장승처럼 서서
속살 붉게 물들이며
너울너울 잎을 피웠으니

마침내 가죽은 혁신적이다.
잎이 짙으면 그늘도 짙다.

마가목*에 대하여

사물에 대한 새로운 인식은 즐겁다.
무지의 껍질을 벗기 때문이다.

지난여름 많이 걸어온 길에 탈이 났다.
이를 본 집 애가 운전에 좋다면서 마가목을 구해왔다.
이른 봄 잎이 피어날 때 말의 이빨처럼
힘차게 솟아오른다고 붙여진 이름 마가목
뾰족뾰족한 잎, 하얗게 무리 지어 피는 꽃, 빨간 열매
춥고 메마른 땅, 척박한 땅에서도 잘 자란다는
나무에 대한 시를 사십여 편이나 십고도 몰랐다니

절실하면 눈이 트이나 보다
쪼개본들 꽃은 없고 오미자 물빛뿐
저녁노을이 퍼진 나무도감 속에서 사슴은 잠을 잔다.
웃자란 풀도 누워서 함께 잔다.
손을 모으게 하는 불 켜진 식탁
수시로 오는 갈증의 끝
매운맛이 비쳤지만 산바람같이 시원했다.

>

말처럼 산야에만 거침없이 뛰어다니는
스스로 아름다워지는 나무
칼바람을 맞으면서도 꿋꿋하게 버텨내는 나무
통증을 막아 주는 진통의 나무
무릎 아픈 방랑의 외진 길
명아주 지팡이가 따로 없다.
모르는 사이 공경의 두 손 모으는 버릇이 생겼다.

산에 사는 마가목이 되었으면 좋겠다.
자르고 꺾이어서 튼튼해지는

---

*옛말에 나무 중에 으뜸은 마가목이란 말이 있다. 높이 8m 정도, 고산지대에는 2~3m 관상목으로 자란다. 잎은 어긋나고 깃꼴 겹잎으로 가장자리에 톱니가 있다. 5~6월에 가지 끝에 겹산방꽃차례를 이루며 흰 꽃이 피고 가을에 빨간 열매로 익는다. 마가목(馬家木)은 마아목(馬牙木), 산화추(山花楸), 백화화추(百華花楸), 화추(花楸)라고도 한다. 잎눈이 트려 할 때 말의 이빨처럼 힘차게 솟아오른다고 하여 붙여진 이름이다.

우리도 사람입니다

지난밤 꿈에 먼 신라 적
상주 사벌에서 일어선 원종과 애노*를 만났습니다.

두 분을 꼭 시로 써야 한다는 초조함으로
똑같은 꿈을 세 번이나 연거푸 꾸었으니
참 이상한 일입니다.

'나도 사람입니다'
'우리도 사람입니다'

이 말이 딱 좋다고 거듭 거듭 이르는데
아무리 생각해도
다음 말이 떠오르지 않은 채
애를 태우다가 깼으니……

땀에 젖은 가마니가 실려 갈수록
잘 익은 호박빛 얼굴로 오는

꿈에 시로 나타난 사람이 있습니다.

흙을 걸우던 옛 사벌 사람이 있습니다.

＊진성왕 3년(889) 나라 안의 여러 주(州)·군(郡)에서 공물과 조세를 보내지 않아 나라의 창고가 텅 비어 나라의 씀씀이가 궁핍하게 되었으므로 왕이 사자를 보내 독촉하였다. 이로 말미암아 도적들이 곳곳에서 벌떼처럼 일어났다. 이에 원종(元宗)과 애노(哀奴) 등 사벌주(沙伐州 현재 상주)를 근거지로 반란을 일으키자 왕이 나마(奈麻) 영기(令奇)에게 명하여 붙잡아오도록 하였다. 영기가 적의 보루를 멀리서 바라보고는 두려워 앞으로 나아가지 못하였으나 촌주(村主) 우련(祐連)은 힘껏 싸우다가 죽었다. 왕이 칙명을 내려 영기의 목을 베고 나이 10여 세 된 우련의 아들에게 촌주의 직을 잇게 하였다.
—『삼국사기』 권 11 「신라본기」 11 진성왕 3년

서 있는 주검

처음 산에 오를 때는
수천 수만의 나무들이 보였다

산에 오르는 횟수가 늘 때마다
보이는 나무는 줄어들었다

최근에는 몇 그루의 나무만 보였다

쭉쭉 뻗은 배부른 나무들 사이에서
몸 다해 바라던 하늘에도 닿지 못하고
그늘에서 미라처럼 말라버린
소나무 한 그루

거북등 같은 껍질도 벗겨지고
몸뚱이에 동그랗게 뚫린 구멍으로
오색딱따구리 가족이 드나드는
서 있는 주검

〉

마지막 돌아가면서도 집이 되어주는

따뜻한 안식처가 되어주는

곶감 집 막내딸

광복절 날 아침 상주 곶감 집 막내딸을 만났습니다.
경기도 광주시 위안부 할머니 쉼터 나눔의 집 마당에 있는
흉상으로 돌아온 굳은 얼굴의 할머니들 사이에 앉아 계신
여든다섯 되신 할머니를 만났습니다.
후덕한 얼굴에 두 손을 맞잡은
할머니의 손가락과 팔뚝이 무척 굵어 보였습니다.
분이 뽀얗게 나는 곶감처럼 한창 피어날 열네 살
고이 간직한 무지개의 꿈을 깡그리 앗아간
목화송이같이 뽀얀 가슴을 짓밟은 지가다비의 마수 앞에
찢겨진 무명치마가 어른거립니다.
폭풍우와 뇌성벽력이 휘몰아치는 만주 땅 지린(吉林)
적막에 싸인 너른 들판과 숲속 바람 소리가 무서웠습니다.
짐승보다 못한 사람들이 무서웠습니다.
해가 떠오르지 않는 동굴 같은 캄캄한 밤을
문이 굳게 잠겨 있는 죄 없는 수인의 방을
삼신할머니도 천지신명도 벗겨주지 못했습니다.
여자로 태어난 것이 몹시 한스러웠습니다.
뉘우칠 줄 모르는 인간은 인간이 아닙니다.

거짓을 위장하는 인간은 인간의 탈을 쓴 악마입니다.
보이지 않는 저주의 살은 꺾이지 않고 날아가
감춰진 양심의 벽을 뚫을 것입니다.
꺼지지 않는 지글지글 끓는 불덩이의 한을 안고
짓누르는 천근 바위덩이를 안고 살아온 눈물의 나날
머리맡엔 잠들지 않는 여울물 소리가 납니다.
거짓말로 더욱 뜨겁게 달아오른 여름
할머니의 흰 적삼에 시원한 바람이 들었으면 좋겠습니다.
골 깊은 상처를 깨끗하게 지울 수 있도록
비둘기처럼 가볍게 날 수 있도록

---

*흉상으로 돌아온 할머니들과 함께…… 오늘도 기다립니다. 일본의 진정한 사과를! 14일 경기도 광주시 위안부 할머니 쉼터 '나눔의 집' 마당에 있는 위안부 할머니들 흉상 사이에 강일출(85) 할머니가 앉아 있다. 광복절을 하루 앞둔 이날은 '일본군 위안부 문제 해결을 위한 아시아연대회의'가 정한 세계위안부의 날이기도 하다. 강 할머니는 경북 상주의 '곶감 집 막내딸'로 태어나 14세 때 중국 지린의 위안소로 끌려가 고초를 겪었다. 위안부 할머니들은 대부분 고인이 됐고, 강 할머니를 비롯해 57명의 위안부 할머니만 생존해 있다.(2013년 8월 15일 조선일보 1면)

청포묵을 먹으면서

너무 깨끗하고 맑아서 선뜻 손이 가지 않는다
고행 뒤에 찾아오는 빛
하늘 같은 민심이 모인 거라 생각하니
절로 고개가 숙여진다

땡볕에도 녹두꽃은 피고
까맣게 새까맣게 녹두는 영글어 간다
진드기와 개미가 모여드는
아린 세월 속에서도

맛이 있는 것은 일찍 삭는다
애잔하게 울고 가는 사람이 있어야
비로소 드는 찡한 맛

그때 불던 바람도 옥빛이었을까
푸른 멍이 들수록 맑아오는 하늘빛이었을까
청포묵을 내 주시는 할머니 웃음이 넉넉하다
가을 들판 그분의 가슴처럼

열무김치론

철쭉꽃 피는 봄날 우포늪 나들이 길에 들른 달성군 구지면 고봉리 토속정 한식 전문집에서 청국장으로 점심을 먹었다.

상차림에는 그 흔한 꽁치나 조기새끼 한 마리 오르지 않고 산나물무침과 상추겉절이에 열무김치만 큰 사발에 가득 담아 내주었다. 반찬 투정을 하니까 주인아주머니 말씀인즉 비린내 나는 생선이 오르면 김치 맛이 가시기 때문에 우리 집에서는 열무김치 낼 때는 생선은 올리지 않는다고 나근나근 일러준다. 열무는 맑은 물에 깨끗이 씻어 천일염에 하룻밤을 절여서 쌀뜨물에 담가야 아삭아삭 상그러운 맛이 난다며 김치 담그는 법까지 덧붙이지 않는가. 열무김치 맛 지키기를 고집하는 아주머니가 당당해 보였다.

그날 내 잡식성의 먹새가 혼이 난 점심시간이었다.

깍지벌레

감나무에 깍지벌레가 산다.
깍지를 끼고 약속이나 한 듯이
자석처럼 착 붙어서
이른 봄부터 지은 향기로운 성찬에
슬그머니 먼저 손을 댄다.
흡사 싸락눈같이 뽀얗지만
속은 붉은 피로 가득 차 있다.
문득 옛적 고부 고을
배가 큰 사람이 떠올랐다.
겉과 속이 다른

고추모종을 하며

가물 때는 흙에서도 화약 냄새가 난다
묵은 간장 탄 냄새가 난다
감질나게 가랑비 흩뿌리는 날
죽창 같은 부삽으로 흙을 부셔 모종을 한다
붉은 해를 닮도록 꼭꼭 다져 심는다
어른들은 뜨겁고 매운 것을 시원타고 하지
시원한 일 없는 들판
바람 어지러운 무성한 잡풀 속
백년을 허리 못 편 토종이여
불운의 땅이지만 뿌리 뻗고 가지를 쳐
일어서라 광명 천지에 피처럼 붉게 익어
힘센 양물처럼 익어
뒤 하늘 열리는 새날을 맞을지니
매운맛을 낼지니.

무슨 말인지 모르지
―이춘광 교장에게

「초기 동학의 교육사상」을 쓴
이춘광 교장은 중학교 동기로 내 친구입니다
집 앞에는 기름진 옥토가 펼쳐지고
뒤에는 야트막한 동산이 있는
상주시 청리면 삼괴리
흙을 사랑한 농부의 아들로
논두렁 정기를 타고 났다는 그는
국립사범대학을 나와서
일생을 청소년 교육에 바쳤습니다
그에게는 구수한 흙냄새가 납니다
그에게는 잘 익은 막걸리 냄새가 납니다
참 좋다는 열 석자 주문을 외우며
'이게 무슨 말인지 모르지' 그러고는
정작 사람이 있을 때는 사람을 몰랐다는
세월과 함께한 가까운 사람이 그립다고
미치도록 그리워서 눈물이 말랐다고
이른 새벽을 깨우는 전화
그리움에 취해 사랑을 마시며

홀로 왔다가 홀로 감을 아파하던
오월 해질녘 무논 가에 선 황새 같은……
무위이화(無爲而化) 억지로 아니 저절로
봄빛[春光]은 저리 밝고 향기로운데
꼭꼭 밟아달라던 무덤 위에 잔디는
촘촘히 어울려 푸르기만 한데

당신이 있어서 행복합니다

당신이 아주 가까이 있어서
사랑한다고 말하기가 쑥스러웠습니다.
당신이 너무 멀리 있어서
사랑한다는 일이 덧없다고 생각했습니다.
내가 어리석고 부족한 줄 알면서
당신을 사랑하면서 여기까지 왔습니다.
나는 당신의 깊은 속을 모릅니다.
나는 당신의 말 없는 말을 모릅니다.
그리워하면 엄마의 흙냄새를 풍겨주고
외로워하면 온돌의 이야기를 들려주는
당신의 넓은 속을 모릅니다.
비바람이 치고 눈보라가 휘몰아쳐도
당신은 언제나 한결같은 모습으로
사시사철 가장 아름다운 풍경을 보여줍니다.
심장이 쿵덕쿵덕 뛰게 하는
가장 장엄한 교향곡을 들려줍니다.
당신을 향한 내 사랑은 투정에 불과하고
한갓 시샘으로 그칠지도 모릅니다.

당신이 아랑곳하지 않는다 해도
나는 당신을 사랑할 것입니다.
당신을 사랑하는 일은 나의 운명입니다.
당신을 사랑하면서 오는 날을 맞을 것입니다.
들어서나 나서나 늘 함께하는 당신
당신이 있어서 행복합니다.

잠이 달아났다

초저녁잠이 늘면서
자정 넘어 한 차례씩 깬다
사방이 바위처럼 고요하다
창을 열면 달빛은
은척 동학교당의 제상에 올린
하늘 길 흰 무명베처럼 올올이 내린다
감나무 우듬지가 밝다
이슥토록 밤을 노래하는 풀벌레 소리
머리맡에 둔 메모지에도 앉는다
하얗게 잠이 달아났다

발문

우리도 사람입니다

정진규(시인)

　박찬선 시인과 나는 꽤 깊은 시(詩)와 삶의 연고(緣故)를 지속해오고 있다. 자주 만나지는 못하고 있지만 그가 해마다 잊지 않고 보내주는 삼백(三白)의 고장 상주(尙州) 곶감은 그와 나의 영혼이 소통을 지속하고 있음을 깨닫게 하는 실물(實物)로 귀품(貴品)이 아닐 수 없다. 우선 나는 그의 영혼과 삶의 거처라 할 수 있는 연작 시집 『尙州』(1986, 문학세계사)의 발(跋) 「다시 태어나기, 혹은 자리바꿈」으로부터 구체적인 연(緣)을 맺어오기 시작했으니 실로 적지 않은 세월이 흘렀다. 뿐이랴, 그의 시와 나의 시가 지닌 정신은 그 전통적 체질을 출생 환경으로 함께하고 있음을 든든하게 여겨 오고 있다.

　박찬선 시인이 태어나 지금까지 살고 있는 그의 생가(生家)

가 그러하듯 지금 내가 18대 종손 묘지기로 머물고 있는 나의 생가(生家) 또한 우리들의 동행(同行)이 우연이 아님을 그대로 말해주고 있다. 그는 "상주는 떠도는 내 영혼의 귀의처이며 보금자리이며 내 시의 화두(話頭)이기도 하다"고 늘 고백하고 있다. 나 또한 이곳, 안성 〈석가헌〉을 그러한 실상(實相)으로 고백해 오고 있다. 이번 연작(連作)『우리도 사람입니다』시집도 맥(脈)을 같이하는 소산이라고 읽었다. 밝히고자 하는 것은 우리 현대시에서 처음 '구조'라는 말로 영혼에도 공학적 요소가 있다고 말한 사람은 성찬경 시인이며, '물질'이란 말로 영혼의 실체를 만진 이는 허만하 시인이다. 그의 벗인 나 정진규도 우리 동양의 '율려(律呂)' 정신을 바탕으로 '영혼의 실체' '은유의 실체'를 나의 시에서 감히 시현코자 해왔다.

그런 영혼의 대표적 실상을 가지고 있는 연원(緣源)이 바로 우리의 인내천(人乃天) 사상인 동학(東學)으로 나는 요해(了解)코자 하며, 그것을 깊게 천착하고 있는 대표적 시인이 박찬선 시인이라고 본다. 이번 그의 연작 시집『우리도 사람입니다』시집을 나는 큰 감동으로 읽었다. 또한 그의 연작시(連作詩)의 구조 자체, 영혼의 실체가 되고 있는 것은 인내천(人乃天)의 삼재(三才, 天·地·人)가 '한 몸'을 이루고 있음에서 온다고 볼 수 있다. 무엇보다 놀라운 것은 그의 연작시는 일찍이 『尙州』에서나 이번의 경우에서나 전체가 하나이며, 한 편한 편이 독립된 작품으로서의 완성도를 유지하고 있다는 점이다.『尙州』의 내 발문을 박찬선 시인은 "정진규 시인의 말은 유효하다"는 말로 어느 시지의 특집에서 다음과 같이 인용하고 있다.

"그의 상주는 떠나 있음으로서의 형국이 아니라 그 자신이 지키고 있음으로서 형국이다. 이렇게 두고 볼 때 그의 상주는 처음부터 극복의 대상으로서 선택되어진 것이라 할 수 있다. 아무리 그가 상주를 긍정적인 그리고 예찬의 대상으로 설정하고 있다거나 영혼의 한 거처로서 의미화하고 있다고 할지라도 시로서의 재구성, 혹은 형상화의 작업이라는 각도에서 볼 때 그렇다는 이야기이다."

공부가 더욱 깊어지고 감성이 소통하는 실체가 깊게 만져지고 있는 이번 연작시집『우리도 사람입니다』로 박찬선 시인은 이제 성찬경, 허만하, 정진규와 함께 우리 현대시에서 시의 라이프 사이클이 명료한 시인이 되었다. 다시 말하지만 그들은 영혼을 실체로 만지고 있는 시인들이다. 구조, 물질, 율려(律呂), 동학(東學)으로 한 몸이 되고 있는 시인들이다. 내가 늘 화두(話頭)로 삼고 있는 마을 노인들의 또 다른 그리움의 표현, 서로 '늘 눈에 밟히는', '댕길심'도 시의 구조요, 물질이요, 율려(律呂)요, 동학(東學)이다. 부디 그 존재의 실체를 들여다보시길 권한다.

끝으로 이번 시집에서 그의 동학시(東學詩) 한 편을 골리

깊게 숨 고르며 읽는 것으로 그의 발문(跋文)을 마무리하고자 한다.

1885년 12월 어느 날 상주 화령 전성촌에 최 보따리 선생이 오셨다. 사람의 향기는 아카시아 꽃향기보다 더 멀리 날아가는 모양이다. 소백의 능선을 넘어온 바람이 귓불을 때리는 한겨울인데도 그의 말씀을 듣고자 도인들이 줄줄이 모여들었다.

최 보따리, 해월 선생이 먼 길 나설 때는 낡은 무명 보자기에 필요한 도구만을 넣은 뒤 둘둘 말아 묶어서 등에 메고 다녔기 때문에 사람들이 그렇게 불렀다. 차가운 바람 속에서도 마루와 마당에 도인들이 귀를 모으고 있었다. 선생은 무거운 이야기보따리를 풀 참이었다.

"내가 얼마 전 청주를 지나다가 서택순의 집에서 찰가닥 찰가닥 베 짜는 소리를 들었습니다. 쉼 없이 일정하게 울리는 그 소리를 듣고 서군에게 '누가 베를 짜는 소리인가?' 하고 물었습니다. 서군이 대답하기를 '제 며느리가 베를 짭니다.'라고 대답했습니다. 내가 다시 물었습니다. '그대의 며느리가 베 짜는 것이 참으로 그대 며느리가 베를 짜는 것인가?' 서군은 무슨 말인지 아리송했습니다. 내가 하는 말뜻을 몰랐습니다. 여러분! 나의 말뜻을 모르는 것이 어디 서택순 혼자뿐이겠습니까? 서군의 며느리가 베 짜는 소리를 들었을 때 나는 공교롭게도 하느님이 베를 짜는 소리로 들었습니다. 그러니 앞으로는 우리 도인의 집에 사람이 찾아오거든 사람이 왔다고 이르지 말고 하느님이 찾아오셨다고 말하십시오."

  그날 해월의 강론은 그것으로 끝이 났다. 노루 꼬리같이 아주 짧은 강론이었다. 도인들은 짧은 강론에 고개만 끄덕이다가 산처럼 말이 없었다. 가슴에 뜨거운 불덩이가 들어와서 활활 타오르는 느낌이었다. 사람과 하늘, 하늘과 사람, 두 낱말이 번갈아 솟구치다가 하나로 합쳐졌다. 인내천, 몸이 하늘로 날아올랐다.
―「어떤 강론 1―인내천(人乃天)」 전문

 이 시를, 강론을 들으시고 다 읽고, '산처럼 허리를 곤추세우고 말없이 앉아 있는' 여러분의 영혼의 실체가 그대로 와서 닿는다.
 박찬선의 동학시(東學詩) 반열(班列)에 함께할 수 있었음을 영광으로 생각한다.

해설

사람을 모시는 신인(神人)의 시

김주완(시인·철학박사)

1. 열쇳말 모실 시(侍)

이 시집을 열고 들어가는 열쇳말은 모실 시(侍) 자이다. 근곡 박찬선 시인은 상주를 모시고 낙동강을 모시고 동학을 모신다. 상주와 낙동강과 동학―이는 시인이 외경의 대상으로 삼는 시적 주제이며 시의 삼발이다. 상주는 시인이 태어난 곳이고 낙동강은 시인이 마시고 자란 젖줄이자 강인(江印)과 해인(海印)을 얻는 일터이며 동학은 시인을 지탱하는 정신적 지주이다.

모시는 일은 숭상이고 배려이다. 모든 배려는 궁극적으로 사람을 향한다. 사람은 하늘이므로 사람을 하늘처럼 모셔야 한다. 남자도 여자도 어른도 아이도 사람이다. 가진 자도 못 가진 자도 사람이고 힘 있는 자도 사람이고 힘없는 자도 사람이다. 그러므로 사람을 모시는 일은 그가 가진 것을 보는 것이 아니라 다만 사람인 그를 보며 모시는 일이다. 사람을 모시는 일은 기독교적 사랑인 인인애(隣人愛)와 흡사하다. 사람을 모시는 일에는 차별이 없어야 하고 차별이 없는 곳에 평등과 정의가 뿌리내린다. 꿈꾸면서도 깨어 있으면서도 다독이는 사람 섬기기를 시업(詩業)으로 삼는 시인의 눈은 형형한 청년의 눈이고 심장은 뜨거운 불덩이며 넓고 따뜻한 가슴은 산이고 바다이다.

상주시 만산동 631번지는 시인의 6대조부터 이백 년이 넘도록 대를 이어 살고 있는 붙박이 터이다. 천봉산 자락에 안겨서 북천을 내다보는 곳, 아침마다의 산책길에서 만나는 임란북천전적지에서 역사의 민낯을 만나고 와서 가슴 아픈 시를 쓰는 곳이다. 시인은 일찍이 시집 『尙州』(문학세계사, 1986)를 상재하여 고향 상주를 전국에 알리고 상주에 새로운 의미 부여를 한 바 있다.

이번 시집 『우리도 사람입니다』는 동학을 주제로 하면서도 상주와 낙동강과 유기적이면서도 견결한 연관성을 유지한다. 이 시집의 중심에 자리 잡고 있는 주제는 상주 동학이며 상주 은척 동학교당이지만 그곳이 곧 상주(尙州)에 상주(常住)하고 있으며 상주에서 비로소 강다운 낙동강이 흐르기

시작하기 때문이다. 그러면서도 지역성에 국한되지 않고 종횡으로 세계성과 역사성을 확보한다.

2. 높은 고을에 있는 상주 동학교당

시인이 지키면서 살고 있는 땅, 상주는 옛 사벌국이 있던 오래된 고을이다. 경상도라는 명칭의 유래조차 경주와 상주에서 나온다. 상주(尙州)의 '상(尙)' 자는 '숭상하다', '높이다' 라는 뜻을 포함한다. 상주는 높은 것을 숭상하는 고을, 지향하는 정신이 높은 고을이다. 높은 것은 하늘이며 하늘이 곧 사람이다. 시인은 모실 시(侍) 자를 모시고 산다. 하늘을 모시고 사람을 모시고 상주를 모시고 산다. 전국 무대에서 활동하는 많은 문인들이 한때 상주를 거쳐 갔다. 상주 출신의 지명도 높은 문인들도 많다. 하지만 모두들 상주를 떠나서 활동하고 있다. 그러나 박찬선 시인은 상주에서 태어나 일생 동안 상주를 지키면서 상주와 낙동강과 동학을 노래한다.

  살아있는 자들은 집이 있습니다.
  죽은 자들도 집이 있습니다.
  풀쐐기가 야문 각질의 집을 짓듯이
  군고 단단한 성 같은 집을 짓고 삽니다.

방랑자와 방황하는 자는 집이 없습니다.
가는 길이 집이요 머문 하늘이 집입니다.
산에 집을 짓기도 하고
바위 속에 집을 짓기도 합니다.

미로의 중심에 지은 정신의 집 네 채
낮이 없던 깊은 밤 잠자지 않고 깨어 있는
집 안에 집이 있는 음양의 조화

집을 두고도 집이 그리워서
사경(寫經)을 하듯 한울님의 집짓기를 거듭해온 개벽
서러움이 받치면 집이 됩니다.
눈물이 마르면 집이 됩니다.

물결에 바람결에 허물어지는 보루
가라앉은 주춧돌만이라도 지키려는 어기찬 행진
굴욕의 끝에 자리 잡은 교당(敎堂)

고문 받는 신음 소리 사이사이
경 읽는 소리, 주문 외는 소리, 먹 가는 소리
뒷담 위 하늘수박 익는 소리가 들리는
열린 하늘 집

가난한 자의 집은 대낮같이 밝습니다.
집 안에 없는 자의 고독이 켜켜이 쌓여
밤에도 빛나는 구슬처럼 혼이 나르는 반딧불처럼
빛을 나투는 집이 됩니다.
　—「깨어 있는 집—상주 은척 동학교당」 전문

상주시 은척면 우기리에 있는 상주 동학교당을 시인은 깨어 있는 집이라고 한다. 초가집이지만 동학과 관련된 건물로서는 전국에서 유일하게 보존되고 있는 건물이다. 동학의 귀중한 유물들이 교당에는 남아 있다.

산 자는 주택에서 살고 죽은 자는 유택에서 머문다. 가진 자가 세운 집은 굳고 단단한 성이다. 빼앗긴 자기를 찾기 위하여 방랑하는 자는 집이 없다. 사람이 되고자 하여 가는 자는 가는 길이 집이고 머무는 하늘이 집이다. 길 없는 길의 중심에서 지은 집, 동학교당은 집 없는 자들의 집이다. 잠들 수 없어 깨어 있는 집이다. 깨어 있는 자는 불빛이다. 주변을 밝히는 불빛을 넓혀 나가서 마침내 온 세상을 낮의 세계로 만들어야 한다. 꺼져가는 동학의 불씨를 지키기 위하여 세운 집(교당)에서는 잡혀가 고문 받고, 또 고문을 받는 사이사이 경을 읽고 주문을 외고 경전을 간행한다. 신념이 끊어가는 불굴의 의지력이다. 암흑을 벗어나 광명천지로 가기 위한 성스러운 과업이다. 정신의 전승은 정신으로서만 가능하다. 정신이 전승될 때 인간은 자존한다. 그런 의미에서 동학인은 살아있는 정신의 집이다. 동학은 성(誠) 경(敬) 신(信)을 바탕으로 하는 정신의 곳집이다. '집 안에 있는 집'은 동학인이며 그들은 가난하지만 정신이 대낮같이 밝다.

정신을 지키는 사람은 죽어서도 살아있다. 빛을 나투고 있다. 시인은 동학교당을 찾아 자주 은척으로 간다. 1915년에 교당을 건립한 김주희 선생의 정신을 만나기 위해서이다. 동학의 정신을 대대손손 이어 나가는 수많은 정신을 만나고 때마다 정신을 새로이 가다듬기 위해서이다.

> 은척 가는 길은 동학의 길이다
> 사람이 낸 사람의 길이다
> 사방으로 막힌 높은 산길을 넘어야 하고
> 물오를 때는 자라가 기어오르는 개울도 함께 간다
> 깊은 땅속 검은 불
> 곤히 잠든 시간을 캐 올려 온몸을 태울 검은 광장
> 비껴 돌아드니 성주봉과 칠봉산이 마주 선다
> 사방이 산으로 둘러싸인 아늑한 분지
> 상주시 은척면 우기리에는
> 내 친구가 교장으로 있다가 퇴직한 중학교가 있고
> 그 옆에는 김주희 선생이 창도하신 동학교당이 있다
> 은자골은 평화롭다
> 발길 닿아 머무는 곳이 도량이라지만

다리품밖에 없던 시절 첩첩산중을 어이 찾았을까
마음의 눈은 풍수에 밝아
험한 산하를 넘은 것일까
간간이 비 뿌리는 초겨울
붉은 산수유 열매가 조롱조롱 매달린
마을 안 길 찾아든 동학교당
빈 마당에는 경 읽은 소리가 가득하다.
―「은척 가는 길」 전문

  시인의 "고조할아버지는 상주 은척 교당의 경교장(敬教長)이셨고/매일 먹물로 경전을 쓰고 설교집을 쓰셨다"(「먹물」) 한약업을 하셨던 증조부는 교당의 적극적인 후원자셨고 재종조부는 "열심히 수도한 동학교인"(「구업(口業)」)이셨다. 그러니까 시인에게 있어서 "간간이 비 뿌리는 초겨울/붉은 산수유 열매가 조롱조롱 매달린"(「은척 가는 길」) 첩첩산중 은척 가는 길은 고조부와 증조부가 간 길이며 기댈 데 없이 허약한 동학교인들이 마음을 기대러 가던 길이며 지금은 시인이 그들의 정신을 만나러 가는 길이다. 그러므로 은척 가는 길은 시인에게 있어서 개인적으로는 사당에 가는 일에 버금간다. 사람은 자손으로 이어지고 정신은 가슴으로 이어진다.

3. 우리도 사람입니다

이 시집의 표제인 『우리도 사람입니다』는 동학의 실상을 가장 극명하게 나타내는 말이다. 핍박 받는 자의 처절한 말, 억울한 사람이 하는 절박한 말을 우리는 여기서 만난다. "우리도 사람입니다"―이 말은 말이 아니라 말 이전의 원초적 절규이다. 지상의 가장 낮은 곳에서 솟는 가장 숭고하고 장엄한 부르짖음이다. 아무나 소리 낼 수 있는 말이 아니다. 진실하게 사람이 된 사람만이 낼 수 있는 가장 진실하고 절실한 사람의 말이다. 생생한 이 말들이 모이면 함성이 된다. 땅이 흔들리고 하늘이 놀라는 혁명이 된다. 개벽이 된다. 눈이 뜨이고 새날이 열린다. 일순에 미명이나 암흑을 걷어내고 천지에 광명이 가득한 새 세상이 열린다. 그러나 이것은 언제나 꿈이며 이상에 머문다. 그럼에도 불구하고 아무나 꾸는 꿈이 아니라 깨어 있는 자만이 꿀 수 있는 꿈이다.

> 지난밤 꿈에 먼 신라 적
> 상주 사벌에서 일어선 원종과 애노를 만났습니다.
>
> 두 분을 꼭 시로 써야 한다는 초조함으로
> 똑같은 꿈을 세 번이나 연거푸 꾸었으니
> 참 이상한 일입니다.

'나도 사람입니다'
'우리도 사람입니다'

이 말이 딱 좋다고 거듭 거듭 이르는데
아무리 생각해도
다음 말이 떠오르지 않은 채
애를 태우다가 깼으니……

땀에 젖은 가마니가 실려 갈수록
잘 익은 호박빛 얼굴로 오는

꿈에 시로 나타난 사람이 있습니다.
흙을 걸우던 옛 사벌 사람이 있습니다.
　　　　　　　―「우리도 사람입니다」 전문

 여기서 '원종과 애노'는 사벌주(沙伐州 현재 상주)를 근거지로 반란을 일으켰던 신라 진성왕 3년(889) 당시의 사람 이름이다. 시인은 동학의 근원을 신라 때까지로 거슬러 올라 찾는 것 같다. 아니 그보다 더 이전, 권력의 수탈이 시작된 때로 보는 것 같다. '흙을 걸우던' 사람들의 '땀에 젖은 가마니'를 빼앗아 가는 폭압적 권력은 사람을 목적으로 보지 않고 수단으로 본다. 사람을 사람으로 보지 않고 짐승으로 본다. 여기에 대한 반동으로서의 사람 사랑에 대한 눈뜸이며 깨침이 바로 동학이 아니던가.

4. 영원히 살아있는 사람의 동학

사람의 옛말이 '사룸'이다. '사룸'은 '사룸'에서 왔고 '사룸'의 어원은 '사르다'라고 할 수 있다. 사르다는 불사르다와 같은 말이다. 불사르는 일은 불태우는 일이다. 사람은 스스로 자기의 한평생을 불태우는 존재이다. 우리는 그것을 정열이나 열정이라고도 한다. 니체도 "삶은 불꽃이다"라고 하였다. 사람은 한평생을 스스로를 태우는 불꽃으로 산다.

> 상주 은척 동학교당에는
> 아흔 되신 할머니가 사십니다.
> 열여섯에 시집와서 아들딸 낳고
> 헌성(獻誠)일마다
> 제수 장만으로 생애를 보내신 할머니
> —「곽아기 할머니」부분

곽아기 할머니는 왜경의 수색에서도 놋쇠 의기를 지켜낸 분이다. 상주 은척 동학교당 김정선 접주의 모친으로 16세에 시집와서 90세인 지금까지 교당을 지켜오고 계신다. 누가 시

켜서 할 수 있는 일이 아니다. 시인은 '세상에서 제일 큰 일 하신 할머니'라고 한다. 우리는 여기서 신념의 불꽃이 이끄는 삶의 정수를 본다.

"저마다 하늘을 안고 하늘의 말씀을 익혔으니/…/뭇 곡식을 키우고도 줄지 않는 흙처럼/푹 썩어서 생명을 키우는 두엄처럼/우리는 가슴에 사랑의 불씨를 지펴오지 않았던가/자잘한 풀꽃을 키워오지 않았던가/…/나무들 겨울바람을 맞아 더욱 성장을 하는"(「동학인의 아침」) 동학인은 "감나무 접붙이듯 생명의 접붙이기"(「어떤 강론 4」)가 동학임을 안다.

시인의 눈에는 자나 깨나 동학인들이 보인다. 씨옥수수를 보면 효수된 동학인들의 머리가 떠오르고 시래기를 보면 빈속에 겨울 찬바람을 맞으며 사발통문을 돌리던 동학인의 헐벗은 얼굴이 생생하다.

"바람벽에 매달린 옥수수를 보면/…/상투 쫓듯 겉잎을 치켜 올려 하나로 묶인 옥수수를 보면/…/알몸을 드러낸 채 딱딱하게 야위어가는 몸을 보면/효수된 동학군의 부릅뜬 눈이 떠오른다"

—「옥수수」 부분

"시래깃국에 보리밥 한술 말아 먹고/사발통문 가슴에 품은 채/눈 내린 고갯길 발자국 지우며 걸어간 사람들

//…//맵고 찬 바람을 맞으며/눈 속에 묻힌 풀들의 꿈을
　생각하며/새벽을 열어 간 흙을 사랑한 사람들"
　　　　　　　　　　　　　　　　　—「시래기에 대한 명상」 부분

　이들은 모두 치열하고 처절하게 한 생을 살고 간 사람들이다. 시인은 "살아서도 죽은 사람이 있습니다./아니 죽어서도 살아있는 사람이 있습니다."(「일어서는 흙」)고 하면서 이들은 죽었으되 죽지 않았다고 강변한다. 죽지 않았으므로 시인은 이들을 찾아가서 한 사람, 한 사람 이승으로 불러낸다.

　　강선희, 강홍이
　　손덕녀, 최선창, 이의성, 장판성
　　남융일, 최인숙, 윤경오, 김순녀
　　전명숙, 억손이

　　억손이, 동수나무 같은 억손이 무참히 참수되고
　　떠도는 혼령들의 원성으로
　　이름처럼 세상은 태평치를 못했다.
　　　　　　　　　　　　　　　　　—「태평루」 부분

　시인은 상주 임란북천전적지에 있는 누각 태평루에서 동학의 꽃잎으로 떨어져 간 순박한 농사꾼의 이름들을 호명하

며 태평루가 결코 태평치 못했음을 애통해 한다.

시인은 멀지 않은 곳에 있는 희생자의 무덤을 찾아 참배하면서 술잔을 올린다.

> 나뭇가지에 걸린 붉은 글씨의 '산불조심'이
> 그날의 깃발처럼 펄럭이는 일요일 오후
> 상주시 화남면 임곡리 후미진 곳
> 물소리 멎은 넝쿨 어지러운 개울가
> 진산 강씨 휘 선희지묘 (晉山姜氏諱善熙之墓)
> 자석에 이끌린 양 잔 올리며 늦은 참배하다.
>
> ─광산의 폭파음보다 우렁찬 함성이 산을 흔든다.
> ─부릅뜬 불의 눈이 불을 뿜고 있다.
>
> 목 베인 육신의 아픔보다도
> 어두웠던 백년의 침묵과 소외가 고통으로 쌓여
> 산새 울음 구슬픈 봄 산천에
> 뜨겁게 활활 타는 진달래꽃
>
> 대모산 아래 흙 걸구며 흙처럼 살자 했는데
> 푸른 하늘 받들며 사람으로 살자 했는데
> 청명 앞둔 사월 무덤가에는
> 생강나무의 노란 꽃술이 벙글고 있다.

―「백년의 침묵」 전문

　강선희는 1894년 11월 태평루에서 참수 당한 상주 동학 농민군 지도자이다. 상주시 화남면 임곡리, 누가 이 후미진 곳에 그의 무덤을 썼는지 우리는 모른다. 그러나 시인은 무덤을 찾고 생가를 찾아 추모하고 애통한 사연을 시로 남긴다. 동학으로 희생된 크고 작은 이름들, 이름 없는 이름들까지 불러와 시로서 값진 희생을 떠받든다. 멀고 후미진 다른 시공에 사는 우리는 시를 통해서 비로소 동학의 실상을 만나고 아파한다.
　시인은 맺힌 한을 풀어낸다. 시로 풀고 제사로 풀고 굿으로 푼다.

> 1994년 상주 동학 100주년 기념사업회를 결성하고
> 누군가 해야 될 일을 한다는 마음으로
> 구천을 떠도는 원혼들 모시고
> 한풀이 굿도 하고 열린 제사도 올렸는데
> 궁궁을을 잘 사는 뒷날이 온다는 연극 공연도 하고
> 녹두꽃 떨어진 그 이후 그림전도 열었는데
> …(중략)…
> 돌아보면 모두가 푸는 일이었네
> 얽히고설킨 꼬인 매듭을 풀듯

가슴에 응어리진 쇠뭉치의 원한을 푸는 일이었네
―「해원(解寃)」 부분

　시제(詩題) 해원(解寃)은 원통한 마음을 푸는 일이다. 얼음장을 녹여 물이 되어 흐르게 하는 일이다. 시인은 시로 원한을 푼다. "해원이란 말 속에는 물이 흐른다/언 땅을 녹이는 물이 흐른다//……//해원이란 말에는 날개가 달려 있다/가볍게 서방으로 나는 날개가 있다"(「해원(解寃)」). 그렇다. 우리는 시인의 시를 통하여 서방정토 극락으로 날아가는 노랑나비 떼의 자욱한 날갯짓을 본다. 처연히 본다.
　생명은 살아있는 일이다. 그냥 살아있는 일이 아니라 뜻을 이어가는 일이다. 그러니까 '살아서 입으로 뜻을 전하는 일'이 생명이다. 시인은 생명의 증인이고 시는 생명의 가장 확실한 역사적 기록이다. 미완의 혁명, 동학의 뜻을 좇고 이어가는 시인이 있고 독자가 있으므로 이들이 살아있음은 분명하다.

5. 상주 동학의 정체성

　동학의 분화에 대한 일반적인 견해는, 창시자 최제우가 죽은 뒤 최시형의 북접과 전봉준, 김주희의 남접으로 나뉘는 것으로 본다. 그리고 최시형의 북접에서는 천도교(손병희), 시천교(김용구), 상제교(김연국) 등으로, 남접에서는 경천교, 동학교, 청림교 등으로 불리게 되었다고 한다. 이러한 견해에 따르면 상주 동학은 남접에 속하는 것으로 보인다. 그러나 분류는 기준에 따라 달라진다. 이 시집에 수록된 시에 따르면 최시형도 상주 동학에 깊이 관여되어 있음을 알 수 있다.

상주 동학에는 혁명적 지향성과 종교적·도덕적 지향성이 공존한다. 그래서 박찬선 시인은 남접 북접을 구분하지 않는다. 동학의 정신을 다만 추구하고 상주와 관련된 동학인들의 행적을 찾아 시로 남긴다. 전북 정주시 베틀평야의 전봉준(「베틀평야」), 원통봉 아래(지금의 상주시 화서면 봉촌리)서 도가 통했다고 하는 동학의 2대 교주 해월 최시형(「원통봉 아래 도가 통하다」), 해월 강론 연작시(「어떤 강론」), 상주 동학 농민군 지도자로서 1894년 11월 태평루에서 참수 당한 강선희(「백년의 침묵」), 남조선을 개벽한다는 이름 김개남(金開南)(「똥 다 누고 나가겠네」), 임술년 1862년 상주 농민항쟁에서 가장 앞장섰던 정나구(「일어서는 흙」) 등 동학인으로서의 삶을 뜨겁게 불태운 사람들, 지금은 밤하늘의 별로 떠서 미명의 세상을 밝히는 사람들을 빠짐없이 모셔와 시적 생명을 부여함으로써 영원성으로 부활시킨다.

동학이 어떻게 분화하든 간에 '사람이 하늘(人乃天)'이라는 근본사상은 변할 수 없다. 인간본성 회복을 강조하는 체천사상이 상주 동학의 요체라는 데도 많은 사람이 동의하고 있다. 이것은 후천개벽을 꾀하는 것이 아니라 선천회복을 꾀하는 입장이다. 우리는 여기서 '사람이 하늘(人乃天)'이라는 명제가 가지는 본질적 의미와 체천사상이 내세우는 실천 덕목으로서의 성(誠) 경(敬) 신(信)의 의미를 살펴보기로 한다.

'사람은 어떻게 해서 하늘이 되는가?' 사람이 하늘인 것은 인간의 본성이 자연에서 왔다는 말과 다르지 않다. 주역에서는 자연법칙의 네 가지 근본원리로 원(元), 형(亨), 이(利), 정(貞)을 내세운다. 이는 봄에 태어나고(春生) 여름에 성장하고(夏長) 가을에 거두어들이며(秋收) 겨울에 저장한다(冬藏)고 하는 농경사회의 계절적 순환질서가 된다. 이러한 자연법칙을 천명(天命)이라고 한다. 중용 1장에는 "천명을 성이라 이른다(天命之謂性)"고 한다. 그러니까 천명은 하늘의 법칙이자 자연의 법칙이다. 천명이 사물 속에 들어가면 물성(物性)이 되고 인간 속에 들어오면 인성(人性)이 된다. '사람이 성을 따르는 것을 도라고 한다(率性之謂道)'. 여기서의 도(道)는 도덕법칙으로서 맹자가 말한 인(仁), 의(義), 예(禮), 지(智)이다. 자연법칙인 원형이정이 사람 속에 들어와 인의예지라는 도덕법칙이 된다는 말이다. 원형이정이라는 자연법칙은 하늘의 원리이고 인의예지라는 도덕법칙은 사람의 본성이다. 그러니까 하늘의 원리가 사람 속에 들어와 있는 것이 된다. 그러므로 사람이 하늘이고 하늘이 곧 사람이 된다. 이것을 박찬선 시인은 시적으로 "사람과 하늘, 하늘과 사람, 두 낱말이 번갈아 솟구치다가 하나로 합쳐졌다. 인내천, 몸이 하늘로 날아올랐다"(「어떤 강론 1-인내천(人乃天)」)고 표현한다. 하늘 천(天) 자는 서 있는 사람(大) 위에 끝없이 펼쳐져 있는 하늘(一)을 의미한다. 사람과 하늘이 하나로 합쳐진 글자가 하늘 천(天) 자인 것이다. 최시형 선생이 평생토록 강조한 말도 바로 "사람이 곧 하늘님이니 너희들은 사람 모시기를 하늘님 모시듯이 해야 한다."(「어떤 강론 3-머슴 놈 머슴 놈」)는 것이다. 따라서 하늘의 뜻(자연의 원리)을 거스를 때 사람은 사람 아닌 비인간이 된다. 동학의 선천회복이란 그러니까 인간이 가진 본래성으로서의 자연성(천명)을 되찾아야 한다는 말과 같다. 이러한 선천회복을 위하여 사람의 몸에 하늘을 들이는 일이 체천(體天)이다. 그러니까 하늘의 뜻을 내면화하는 것, 체현하는 것이 체천이다.

체천을 이루기 위한 도행의 본체(실천 덕목)가 성(誠), 경(敬), 신(信)이다. 한자는 그림에서 온 상형문자이면서 뜻을 모아서 글자를 만드는 회의문자이다. 글자의 의미부터 새겨 보자. 성(誠)은 '말(言)'과 '이룸(成)'이라는 뜻으로 합해져 있다. 말한 것을 이룬다, 말한 것을 실천한다는 의미이다. 성실은 자기가 한 말을 책임지는 일이며 성숙한 인격이 가지는 약속 능력이다. 성실한 사람은 상대방에게 믿음(信)을 준다. 신(信)은 '사람(人)의 말(言)은 믿을 수 있다'는 의미를 가진다.

사람 아닌 사람의 말이나 짐승의 말은 믿을 수 없다. 믿음은 사회의 기초이다. 믿지 않고는 사회생활을 할 수가 없다. 그러나 믿음은 모험이기도 하다. 믿음은 본래적으로 맹신이다. '믿는 도끼에 발등 찍힌다'는 속담처럼 믿음이 배신으로 돌아오는 수도 있기 때문이다. 그러므로 믿음은 성실을 주어야만 받을 수 있고, 성실을 받지 않으면 믿음을 줄 수가 없다. 성실과 믿음은 '내가 주고 네가 받고', '네가 주고 내가 받는' 상호적이라야 비로소 완전하게 된다. 이와 같이 성(誠)과 신(信)은 불가분리의 관계이면서도 불완전한 관계이다. 여기에 조정자로서의 경(敬)이 기능한다. 경(敬)은 공경이고 공경은 받들어 모시는 일이다. 공경의 대상은 보통의 사람이 아니라 이상적 인물이며 인격이 높은 자이다. 공경은 긍지와 잘 조화가 된다. 양자는 피차 상호 보충하는 관계에 있다. 공경 없는 긍지는 교만이 되기 쉽고, 긍지 없는 공경은 비굴이 되기 쉽다. 스스로 긍지를 잃지 않으면서 상대방을 공경하는 사람은 상대방과의 약속을 어길 수가 없으며 상대방의 믿음에 배신할 수도 없다.

   그런 의미에서 동학은 종교이면서 실천도덕이다. 사람이 곧 하늘인 동학에서는 사람의 생명(生命)이 천명(天命)이고 도(道)이다. 동학은 실패한 민중항쟁이 아니라 도법자연의 정신이며 만민평등이라는 민주주의의 대전제이다. 요컨대 사람을 모시는 일은 정신을 모시는 일이다. 정신은 자연에서 왔으므로 정신을 모시는 일은 자연을 모시는 일이다. 저항의 처음이며 끝인 사람의 말, 사람의 노래인 동학은 공동번영의 기초이다.

6. 때를 기다리는 동학인

동학인은 때를 기다린다. 억압과 참수와 절멸의 위기를 지나 언젠가 밝은 빛으로 다가올 선천회복의 날을 기다린다.

> 때라는 말이 참 좋다
> 때라는 말에는 기다림의 싹이 돋는다
>
> 우리가 캄캄한 어둠 속에서 억눌려 지냈을 때
> 짓밟히고 으깨지고
> 가마니처럼 묶여가서 고문을 받았을 때
> 사람이 하늘임을 몸소 보여준 여든네 해
> 삼풍 선생 마지막 운명의 순간에 남기신 말씀
> '때가 되면 다 된다'
> 잠자던 경전이 눈을 뜨고
> 풀린 겨울 개울물 소리가 난다
>
> 때라는 말에는 닫힌 문이 열린다

다 때가 있다는 말 언제 들어도 참 좋다
―「때가 되면 다 된다」 전문

　삼풍은 상주 은척 동학 교주인 김주희(1860~1944) 선생의 호이다. 여기서의 '때'는 선천회복의 때로 보이며 거기에는 오랜 기다림이 내재되어 있다. 동학인들의 길고 긴 인내를 당부하는 말이기도 하다. '미네르바의 부엉이는 황혼이 깃들어야 비상하기 시작한다.'는 헤겔의 명제와도 맥을 같이한다.

해 오르는 동녘 큰들 사람들
자 떠나세, 신 끈을 고쳐 매고 이른 새벽
불면의 긴 터널을 나오면 산과 들판이 펼쳐지고
자잘히 봄꽃 피는 밝은 세상이 열리는 것을
두려울 것 없네
머뭇거릴 것 없네
길은 길로 이어져 돌아오는 것을
―「동학인의 아침」 부분

　동학인의 희망과 각오를 노래하는 시다. '사람은 시인으로서 이 세상을 산다.' 마르틴 하이데거의 명제이다, 시인은 꿈꾸면서 불 밝히는 자이다. 동학인은 시인이다. 동학을 노래하는 시인은 시인 중의 시인이다.

7. 동학이 완성되는 곳에 있을 우복동

이 시집에는 '소리'라는 시어가 사십 차례 이상으로 쓰이고 있고 '소'를 노래한 시가 여러 편 있다.

동학은 소리로 이어진다. 쌓이고 쌓인 소리가 일시에 터져 나오는 함성으로 이어진다. 동학농민혁명이 3·1 운동 정신으로 이어지고 그것이 다시 10·1 항쟁으로 이어지는 데는 함성이 있었고 숭고한 희생이 있었다. 높고 맑은 정신은 그 자체 힘이 약하다. 약함으로 강함을 대적하기에 절멸되지 않고 전승된다. 고결한 정신은 약하기에 위대하다. 아무나 흉내 낼 수가 없기에 숭고하다. 소리로 이어지는 동학이 길고 오랜 길을 가는 데는 소처럼 우직한 발걸음이 필요하다.

> 가벼운 육신 무더기로 꽁꽁 묶어서
> 수의 같은 흰 비닐에 싸여서
> 누룩 뜨듯 푹 익혀 진한 맛을 들여
> 온몸을 소에게 소처럼 고스란히 공양 올리는
>
> 우걱우걱 되새김질하는 저물녘의 우리
> 가죽 속 움직이는 붉은 꽃으로 불어나는
> 은밀한 시간
> ―「짚 1」 부분

"……/한우(韓牛)여 어디로 가려느냐/푸른 기와가 있는 집은 네가 갈 곳이 아니다/……/튼튼한 네 발이 있어도 마음대로 갈수도 없는/세상은 어지럽기만 한데/차라리 공주 우금치(牛金峙)로 가거라/……/그해 겨울 산을 타고 내를 건너/그곳에 모였듯이, 사람이 하늘임을 외쳤듯이/……"

―「한우여 어디로 가려느냐」 부분

위의 시는 농촌의 상징인 짚을 제목으로 하여 연작으로 쓰인 시 중의 한 편이며 아래의 시는 한미 FTA 반대 시위를 위해 상경하는 소를 주제로 하는 시다. 모두 동학을 배경으로 하고 있다. '무더기로 꽁꽁 묶'여 '수의 같은 흰 비닐에 싸'인 동학정신을 "우걱우걱 되새김질하는 저물녘의 우리"는 오늘날 동학의 의미를 되새기고 있는 사람들의 초상이나. 되새김질은 부활이며 재조명이다. 묶이고 싸인 형체에서는 끈끈한 동지애와 굳센 결속력이 보이며 선천회복의 그날을 향한 긴 기다림의 미학 또한 보인다. 한우(韓牛)에게 공주 우금치로 가라고 하는 아래의 시는 조선소처럼 미련하면서도 한결같은 저력으로 살아가는 민중에 대한 시인의 간절한 소망과 희원이 드러난다. 믿음과 희망과 기대를 어떻게 하여 시인은 소에게서 찾는가?

조선 후기 정감록에서는 우복동(牛腹洞)이라는 이상향의

전형을 제시하고 있다. "속리산 동편에 항아리 같은 산이 있어 예전부터 그 속에 우복동이 있다고 한다네"라는 글귀는 정약용이 지은 「우복동가」의 일부이다. 우복동이란 상상 속의 마을로 예부터 영남지방에 전해져 오는 피란지의 이름이다. 동네가 마치 소의 배 안처럼 생겨 사람 살기에 더없이 좋다는 것이다. 우복동은 소의 뱃속과 같이 편안하고 기근이 들지 않는 곳이다. 상주시 화북면에는 도로명 주소에 우복동 길이 있다. 한때 한국인의 전설적 유토피아인 '우복동'의 현장이라고 하여 세상을 떠들썩하게 했다.

'소는 농가의 조상'이라는 말이 있다. 조상같이 모셔야 할 대상이 소라는 것이다. 농경사회에서는 그만큼 소가 중요했다는 의미가 된다. 소의 배는 풍요와 여유의 상징이다. 짚을 먹고 되새김질을 한다. 한번 먹으면 오래도록 먹지 않아도 된다. 임진왜란과 한국전쟁의 처참한 전쟁터가 되기도 한 상주, 그러나 소리와 함성으로 이어져 오는 동학이 꿈처럼 실현되는 날이 오면 이곳 상주가 곧 이상향이 되어 병화(兵火)가 침범하지 못할 것이라는 시인의 염원이 시 속에 은은하게 배어난 것이 '소리'와 '소'라고 한다면 무리한 유추가 될까.

8. 시의 신앙인 동학

깨어 있는 자는 잠들어도 잠들지 않는다. 박찬선 시인은 잠결에서도 동학의 밝은 미래를 본다.

> 초저녁잠이 늘면서
> 자정 넘어 한 차례씩 깬다
> 사방이 바위처럼 고요하다
> 창을 열면 달빛은
> 은척 동학교당의 제상에 올린
> 하늘 길 흰 무명베처럼 올올이 내린다
> 감나무 우듬지가 밝다
> 이슥토록 밤을 노래하는 풀벌레 소리
> 머리맡에 둔 메모지에도 앉는다
> 하얗게 잠이 달아났다
>
> ―「잠이 달아났다」 전문

이 시집의 맨 뒤에 수록된 시다. 시인은 천봉산 품에 안겨서 산다. 자다 깬 자정 넘은 천봉산은 "사방이 바위처럼 고요하다". 교교한 달빛이 "은척 동학교당의 제상에 올린/하늘 길 흰 무명베처럼 올올이 내린다". 달빛 한 줄기에서도 신앙으로 모시는 동학을 보는 시인의 간절함이 묻어나는 대목이다. '제상에 올린 흰 무명베'는 땅에서 하늘로 내는 길이다. 선천시대의 태평성대로 가는 길이다. 불가능성이 아니라 가능성으로 열려진 길이라 시인의 눈에는 밝게 보인다. 길이 밝으니 한밤의 "감나무 우듬지가 밝다". 자다가도 시상이 떠오르면 적기 위하여 "머리맡에 둔 메모지"에 풀벌레 소리가 와서 앉는다. 미완의 혁명, 동학의 노래 소리는 풀벌레 소리처럼 미약하지만 "하얗게 잠이 달아"난 시인은 자다 일어나 메모지에다 또 시를 쓴다.

시인이 강호에 얼마나 알려져 있는가는 중요하지 않다. 세상 사람들은 그가 가진 청력만큼만 듣고 그가 가진 시력만큼만 보기 때문이다. 세간의 사람들은 보여주는 것만을 본다. 그가 보고 싶은 것만을 본다. 그래서 '모르는 것은 손에 쥐어주어도 모른다'는 말이 있다. 산삼은 깊은 산속에 숨어서 백년을 살고 천년을 산다. 부정한 사람의 눈에는 띄지 않는다. 박찬선 시인은 행복하다. '당신'이라는 극존칭으로 부를 수 있는 시를 모시고 상주를 모시고 동학을 모시는 시인의 마음은 열락에 든 평정심이다.

> 당신이 아주 가까이 있어서
> 사랑한다고 말하기가 쑥스러웠습니다.
> 당신이 너무 멀리 있어서
> 사랑한다는 일이 덧없다고 생각했습니다.
> 내가 어리석고 부족한 줄 알면서
> 당신을 사랑하면서 여기까지 왔습니다.

나는 당신의 깊은 속을 모릅니다.
나는 당신의 말 없는 말을 모릅니다.
그리워하면 엄마의 흙냄새를 풍겨주고
외로워하면 온돌의 이야기를 들려주는
당신의 넓은 속을 모릅니다.
비바람이 치고 눈보라가 휘몰아쳐도
당신은 언제나 한결같은 모습으로
사시사철 가장 아름다운 풍경을 보여줍니다.
심장이 쿵덕쿵덕 뛰게 하는
가장 장엄한 교향곡을 들려줍니다.
당신을 향한 내 사랑은 투정에 불과하고
한갓 시샘으로 그칠지도 모릅니다.
당신이 아랑곳하지 않는다 해도
나는 당신을 사랑할 것입니다.
당신을 사랑하는 일은 나의 운명입니다.
당신을 사랑하면서 오는 날을 맞을 것입니다.
들어서나 나서나 늘 함께하는 당신
당신이 있어서 행복합니다.
―「당신이 있어서 행복합니다」 전문

　박찬선 시인은 시를 모시고 그의 시는 사람을 모신다. 어미는 새끼를 품고 신은 사람을 품는다. 두보를 시성이라 이르고 이백을 시선이라 칭한다면 시로서 사람을 모시는 박찬선 시인을 우리는 시의 신인(神人)이라 불러도 좋으리라. 시의 신인(神人)은 시신(詩神)이면서 시인(詩人)이다. 시신 박찬선 시인의 시 정신은 고결하다. 외로이 높고 맑아 밤하늘의 별처럼 빛난다. 시의 신인(神人)은 낮은 곳에 처한 자를 떠받들어 밝고 높게 모신다. 바로 동학의 정신이다. 혁명은 정신에서 나온다. 성공한 혁명은 권력으로 변질되지만 미완의 혁명은 정신으로 남아 마침내 신앙이 된다. 미완의 혁명은 미완이기에 영원하다. 하늘과 땅 사이의 사람은 모두 하나(人中天地一)이니 한민족의 정신이라 할 수 있는 천부경이 곧 동학 정신으로 이어지고 시신 박찬선이 일가를 이룬 상주와 낙동강과 동학의 시 정신으로 구현된다. 시신은 시로서 사람을 하늘로 모신다. 사람이 시고 사람이 하늘이다. 그런 시를 쓰는 박찬선은 시신(詩神)이다. 시의 신(神)이다. 시의 신은 모든 것을 모시고 맺힌 것을 풀며 의미 있는 것을 남긴다. 모두가 눈물이다.

이 도서의 국립중앙도서관 출판시도서목록(CIP)은 서지정보유통지원시스템 홈페이지(http://seoji.nl.go.kr)와 국가자료공동목록시스템(http://www.nl.go.kr/kolisnet)에서 이용하실 수 있습니다.(CIP제어번호: CIP2016027856)

시인동네 시인선 068

우리도 사람입니다

ⓒ박찬선

초판 1쇄 인쇄	2016년 11월 23일
초판 1쇄 발행	2016년 11월 30일
지은이	박찬선
펴낸이	고영
책임편집	류미야
디자인	헤이존
펴낸곳	문학의전당
출판등록	제311-2012-000043호
주소	서울시 마포구 마포대로 11길 91, 3층
전화	02-852-1977 팩스 02-852-1978
전자우편	sbpoem@naver.com

ISBN 979-11-5896-290-6 03810

*이 책의 판권은 지은이와 문학의전당에 있습니다.
*양측의 서면 동의 없는 무단 전재 및 복제를 금합니다.
*잘못 만들어진 책은 바꿔드립니다.